Manuela W. Bünger

Gemeinde laufend in Bewegung

Manuela W. Bünger

Gemeinde laufend in Bewegung

Lauftherapie und Gemeindearbeit - eine pastorale Herausforderung

Fromm Verlag

Impressum / Imprint
Bibliografische Information der Deutschen Nationalbibliothek: Die Deutsche Nationalbibliothek verzeichnet diese Publikation in der Deutschen Nationalbibliografie; detaillierte bibliografische Daten sind im Internet über http://dnb.d-nb.de abrufbar.
Alle in diesem Buch genannten Marken und Produktnamen unterliegen warenzeichen-, marken- oder patentrechtlichem Schutz bzw. sind Warenzeichen oder eingetragene Warenzeichen der jeweiligen Inhaber. Die Wiedergabe von Marken, Produktnamen, Gebrauchsnamen, Handelsnamen, Warenbezeichnungen u.s.w. in diesem Werk berechtigt auch ohne besondere Kennzeichnung nicht zu der Annahme, dass solche Namen im Sinne der Warenzeichen- und Markenschutzgesetzgebung als frei zu betrachten wären und daher von jedermann benutzt werden dürften.

Bibliographic information published by the Deutsche Nationalbibliothek: The Deutsche Nationalbibliothek lists this publication in the Deutsche Nationalbibliografie; detailed bibliographic data are available in the Internet at http://dnb.d-nb.de.
Any brand names and product names mentioned in this book are subject to trademark, brand or patent protection and are trademarks or registered trademarks of their respective holders. The use of brand names, product names, common names, trade names, product descriptions etc. even without a particular marking in this work is in no way to be construed to mean that such names may be regarded as unrestricted in respect of trademark and brand protection legislation and could thus be used by anyone.

Coverbild / Cover image: www.ingimage.com

Verlag / Publisher:
Fromm Verlag
ist ein Imprint der / is a trademark of
OmniScriptum GmbH & Co. KG
Heinrich-Böcking-Str. 6-8, 66121 Saarbrücken, Deutschland / Germany
Email: info@frommverlag.de

Herstellung: siehe letzte Seite /
Printed at: see last page
ISBN: 978-3-8416-0604-4

Copyright © 2015 OmniScriptum GmbH & Co. KG
Alle Rechte vorbehalten. / All rights reserved. Saarbrücken 2015

Vorwort

Körperliche Bewegung, Laufen eingeschlossen, hat viele Facetten. Die Lauftherapie versteht sich als eine ganzheitliche Körpermethode und als wirksame Komponente im breit gefächerten Programm einer umfassenden Gesundheitsförderung.
Joe Henderson, Mitbegründer von RUNNER`s WORLD und Protagonist der weltweiten Laufbewegung in der zweiten Hälfte des vorigen Jahrhunderts, betont in seinem >Running Handbook< (1985), dass Laufen weniger eine physische als vielmehr eine mentale und emotionale Angelegenheit sei. Die psychologischen Wirkungen seien unmittelbarer, dramatischer als die physiologischen.
Die Lauftherapie setzt am Körper an, dem Träger des Ichs. Ohne ihn gibt es weder Bewusstsein noch Geist, und auch nicht das, was wir Seele nennen. Ein wesentliches Ziel der Lauftherapie ist die Verbesserung des seelischen Wohlbefindens via Körperarbeit in Form des langsamen Laufens. Und zwar ganz im Sinne des Leitspruchs der berühmten Mystikerin Teresa von Avila (1515-1582): >Tu Deinem Leib Gutes, damit Deine Seele gerne in ihm wohnt<.
Laufen beeinflusst, aktiviert das Erleben, Fühlen und Denken in verschiedener Richtung. Der Mediziner Dr. Ernst von Aaken, ein renommierter Pionier des langsamen Dauerlaufs für Krankheitsprävention und Heilung, schrieb 1983 in einem Brief an mich diesen Satz: „Laufen allein im Wald war für mich eine Art Gottesdienst, Kontemplation, Meditation und Regeneration, und ich fühlte mich im leichten Dahertraben, meist im Wald, mit der Natur bzw. Gott, mehr verbunden als im täglichen Leben – ähnlich wie in der Praxis im Zwiegespräch mit meinen oft so unglücklichen Patienten".
Was van Aaken hier nur mit wenigen Worten ausdrückt – gut 3 Jahrzehnte danach konzipiert Manuela Bünger, Pfarrerin und Gesundheitsläuferin, ein Projekt, das auch in diese Richtung der angedeuteten Erlebnisdimensionen im Kontext „therapeutischen Laufens in der Gemeinde" zielt. Das Projekt soll offen sein für die Ermöglichung von transzendenten „Weg-Erfahrungen", die nicht zuletzt christliche Spiritualität befördern. Die von Manuela Bünger empirisch erhobenen Projektdaten sind eindrucksvolle Belege für eine Lauftherapie, die über

bloße Fitnessverbesserung hinausgeht, Menschen mit ihrer spirituellen Sehnsucht zu erreichen versucht. Ihre theoretischen Erörterungen und die Befunde aus der Kombination von Lauftherapie und Gemeindearbeit liefern starke Gründe und eine profunde Basis für sinnstiftendes Handeln in den Bereichen Seelsorge, Spiritualität und Kybernetik.

Manuela Bünger beschreibt ein lauftherapeutisches Projekt, das in dieser Form meines Wissens einzigartig und richtungweisend ist. Es verdient die Veröffentlichung für einen interessierten größeren Leserkreis. Ich wünsche mir, dass die Inspiration, die diese Arbeit entfacht, viele beflügeln möge, neue Wege zu gehen.

Prof. Dr. Alexander Weber (Vorstandsvorsitzender des Deutschen Lauftherapiezentrum e.V.)

Inhaltsverzeichnis

Vorwort der Verfasserin 7

1. Einleitung 9

2. Laufen als Therapie und das Paderborner Modell 13

   2.1. „Laufen" und „Therapie" - Begriffserklärungen 13
      2.1.1. Laufen – eine Definition 13
      2.1.2. Therapie – eine Definition 14

   2.2. Die Effektivität des Laufens als Therapie 15
      2.2.1. Wirkungen im somatischen Bereich 16
      2.2.2. Wirkungen im psychischen Bereich 17

   2.3. Die Lauftherapie nach dem Paderborner Modell 18
      2.3.1. Entstehung und Definition 18
      2.3.2. Annahmen und Grundlagen 19
      2.3.3. Bausteine der praktischen Lauftherapie 20

3. Lauftherapie vor dem Hintergrund gegenwärtiger Diskussion und Praxis von Kirche und Sport 24

   3.1. Theologischer Diskurs 24
      3.1.1. Sport als „Ersatzreligion"? 25
      3.1.2. Sport als „Körperkult"? 26

   3.2. Das „Zusammenwirken" von Kirche und Sport 28
      3.2.1. Kleiner Ausschnitt historischer Eckdaten 28
      3.2.2. Übergemeindliche Verbände mit dem Schwerpunkt Sportarbeit 29

4. Lauftherapie und kirchliche Gemeindearbeit – theoretische Grundlagen 30

   4.1. Seelsorgerliche Dimension 31
      4.1.1. Seelsorge und ihre Bedeutung 31
      4.1.2. Seelsorge und Lauftherapie 33

4.2. Geistlich-spirituelle Dimension 36
   4.2.1. Christliche Spiritualität – Begriffsbestimmung 37
   4.2.2. Christliche Spiritualität und Laufen 39
   Exkurs: Die Transiente Hypofrontalitätshypothese und ihre Bedeutung für das spirituelle Laufen 40
   4.2.3. Christliche Spiritualität und Lauftherapie 42

4.3. Kybernetische Dimension (Gemeindeentwicklung) 44

5. Lauftherapie in der Gemeinde – Projektbeschreibung 48

   5.1. Das Motto des Projektes 48

   5.2. Kontext, Zielgruppe und Kommunikationsmittel 48

   5.3. Rahmenbedingungen 49
      5.3.1. Finanzen 49
      5.3.2. Festlegung der Altersgruppe 49
      5.3.3. Begrenzung der Teilnehmerzahl? 51

   5.4. Die Teilnehmer und Teilnehmerinnen 51
      5.4.1. Altersstruktur 51
      5.4.2. Bisherige Verbindung zu den Kirchengemeinden 52
      5.4.3. Beschreibung der einzelnen Teilnehmer und Teilnehmerinnen 53
      5.4.4. Gesundheitliche Probleme vor der Lauftherapie 55
      5.4.5. Erfahrungen in den Gruppen 56

   5.5. Kernbausteine des Projektes 57
      5.5.1. Das Laufprogramm 57
      5.5.2. Kurzvorträge und Übungen rund ums Laufen 58
      5.5.3. Videoaufnahmen - Laufstilanalyse 59
      5.5.4. Übungen zur Wahrnehmung und Achtsamkeit 60
      5.5.5. Geistlich-meditative Impulse 61
      5.5.6. Gemeinsamer Gottesdienst zum Thema „Lauf des Lebens – Lebenslauf" 62

5.6. Darstellung zweier exemplarischer Einheiten 64
    5.6.1. „Du stellst meine Füße auf weiten Raum" – „Freiheitslauf" 64
        5.6.1.1. Ablauf 64
        5.6.1.2. Erfahrungen der Teilnehmer 66
    5.6.2. Lasten lassen - „Lastenlauf" 67
        5.6.2.1. Ablauf 67
        5.6.2.2. Erfahrungen der Teilnehmer 69

6. Wirkungen der Lauftherapie im Kontext von Gemeinde – empirische Untersuchung 71

    6.1. Fragestellung 71
    6.2. Untersuchungsrahmen 71
    6.3. Evaluationsmethoden 72
        6.3.1. Verwendete Verfahren zur Datenermittlung 72
        6.3.2. Fragebogen „vorher" und „nachher" 72
        6.3.3. Leitfaden gestützte Interviews einzelner Teilnehmer.... 74
        6.3.3. Der Leitfaden 76
        6.3.4. Die Auswertungsmethode 76
    6.4. Wirkungen im Bereich „Seelsorge" und „Lauftherapie"............ 77
        6.4.1. Auswertung des Paderborner Stress-Inventars............. 78
        6.4.2. Ergebnisse aus den Fragebögen 81
        6.4.3. Ergebnisse aus den Interviews 86
        6.4.4. Zusammenfassung der Ergebnisse 87
    6.5. Wirkungen im Bereich „Spiritualität" und „Lauftherapie" 89
        6.5.1. Ergebnisse aus den Fragebögen 90
        6.5.2. Ergebnisse aus den Interviews 95
        6.5.3. Zusammenfassung der Ergebnisse 97
    6.6. Wirkungen im Bereich „Kybernetik" und „Lauftherapie" 99
        6.6.1. Ergebnisse aus Fragenbogen und Interviews 99
        6.6.2. Auswertung der Befragung im Gottesdienst............... 101
        6.4.3. Zusammenfassung der Ergebnisse 104

7. Fazit 106

Abkürzungsverzeichnis 108

Abbildungsverzeichnis 108

Tabellenverzeichnis 108

Bildnachweis... 108

Literaturverzeichnis 109

Anhang
Manual (Stundenentwürfe) des Projektes 119
Anmeldeformular/ Anamnesebogen 135
Fragebogen „vorher" 136
Fragebogen „nachher" 138
Befragung der Gottesdienstteilnehmer 142
Transkription der Äußerungen der Teilnehmer nach 5 Wochen LT
(Video-Aufzeichnung) 143
Predigt zum Thema „Lauftherapie aus der Sicht eines Baumes" .. 146
Transkription der Äußerungen einzelner Teilnehmer beim
Gottesdienst 150
Kategorisierung der Antworten aus dem Fragebogen „nachher" .. 152
Transkription des Interviews mit Antje B 162
Transkription des Interviews mit Carmen R 166
Transkription des Interviews mit Jessica S 169
Kategorisierung der Antworten aus den Interviews 172

Der besseren Lesbarkeit wegen wird in der Regel auf eine doppelte Benennung der männlichen und weiblichen Form verzichtet. Selbstverständlich sind dennoch immer beide Geschlechter gleichermaßen berücksichtigt.

Vorwort der Verfasserin

Es war im Oktober 2007. Am Rande einer Tagung der EKD zum „Reformprozess 2017 – 500 Jahre Reformation" unterhielt ich mich mit einem Pfarramtskollegen aus Thüringen über das Bewegen und Verändern kirchlicher Strukturen. Und so ganz nebenbei kamen wir auf einmal auf eine völlig andere Bewegungsform zu sprechen: Das Laufen. Der Kollege lief seit 10 Jahren jeden Morgen und zwar sechsmal in der Woche. Er hatte seither nicht nur 40 Kilo Gewicht verloren, sondern auch jede Menge Sorgen um seine Gesundheit. Bluthochdruck und Asthma ließen ihn damals dem Rat des Arztes folgen. Schon nach relativ kurzer Zeit hatten sich erste positive Veränderungen gezeigt, was er zuvor kaum zu glauben gewagt hätte. Laufen habe seither sein ganzes Leben verändert, so schwärmte er, Laufen sei eine Wohltat für seinen Körper und seine Seele und ja - auch für seinen Glauben.

Diese Begegnung ist nun schon fast 7 Jahre her. Den Namen des Pfarrers habe ich nie erfahren, aber seine Begeisterung für das Laufen und seine gelassene und fröhliche Art, die haben mich nachhaltig beeindruckt und bewegt. Ja mehr noch, sie wurden für mich Anlass zu einer „kleinen Reform" meines eigenen Lebens. Kaum wieder Zuhause habe ich bereits am nächsten Tag wieder mit dem Laufen begonnen; die alten Laufschuhe, die ein paar Jahre zuvor ihren Dienst beendet hatten, weil ja immer so viel zu tun war, standen noch im Regal. Sie wurden allerdings bald schon durch ein neues Paar ersetzt. Seither genieße ich nun selbst die positiven Wirkungen des regelmäßigen Laufens.

Ich danke an dieser Stelle dem unbekannten laufenden Pfarrer. Mein Dank gilt auch den Dozenten des Deutschen Lauftherapiezentrums e.V. (DLZ), die mir die Lauftherapie in ihren verschiedenen Facetten nahegebracht haben; besonders Herrn Prof. Dr. Alexander Weber, der diese Form von Lauftherapie überhaupt erst ins Leben gerufen hat. Des Weiteren danke ich meiner Gemeinde, die sich mit mir „laufend" auf den Weg gemacht hat, sowohl den Presbyterien, die diese

Art der Arbeit genehmigten, wie auch den Teilnehmern und Teilnehmerinnen des ersten Projektes. Schließlich gilt mein Dank unserem Gott, der uns das Leben in seiner ganzen bewegenden Fülle schenkt.

1. Einleitung

Glaube ist „*in hohem Maße eine Sache der Füße*"[1], formuliert der Theologe Klaus Douglass. In der Tat ist es erstaunlich, wie oft in der Bibel von einem Weg, vom Aufbruch und Unterwegs-sein die Rede ist. So beginnt bereits die Geschichte Israels mit zwei großen Wanderungen: Die des Abrahams und die des Mose[2]. Große Strecken legten die Propheten Jeremia und Elia[3] zurück und als Wanderprediger war auch Jesus mit seinen Jüngern und Jüngerinnen fortwährend unterwegs. Selbst bei dem auf Jesus bezogenen Terminus der „Nachfolge"[4] liegt der Fokus auf der Bewegung. Entsprechend wurden die ersten Christen noch nicht Christen, sondern „Anhänger des neuen Weges"[5] genannt oder im Hebräerbrief als „wanderndes Gottesvolk" charakterisiert[6]. Der Apostel Paulus schließlich fordert die Gemeinde auf, zielgerichtet ihren Glauben zu „trainieren" so wie Läufer im Wettkampf.[7] Glaube heißt also biblisch gesehen: „Unterwegs-" bzw. „In-Bewegung-sein".

Dabei ist die Gottesbeziehung letztlich nicht abhängig von der physischen Bewegung oder einer konkreten Wegstrecke, und dennoch ist für den Glauben ein Zusammenhang von innerer und äußerer Wegerfahrung nicht ganz von der Hand zu weisen. So stellt Douglass fest,

---

[1] Douglass, K. (2006), S.84. Diese Formulierung findet sich in einer Exegese zu Genesis 12.
[2] Genesis 12-25 und Exodus bis Deuteronomium.
[3] 1. Könige 17 bis 2. Könige 1. Frank Hofmann bezeichnet Elia sogar als den beeindruckendsten Ultraläufer der biblischen Geschichte: „Nach einer Morddrohung ‚läuft er um sein Leben' vom Berg Karmel an der Mittelmeerküste bis nach Beersheba in der Negev-Wüste – rund 150 Kilometer", also 3 Marathons. (1. Könige 19,3). Hofmann, F. (28.7.2014).
[4] Vgl. z.B. Matthäus 16,24.
[5] Apostelgeschichte 9,2.
[6] Vgl. z.B. Hebräer 12,1f.
[7] 1. Korinther 9,24.25. Vgl. auch Philipper 3,12-14, 1. Timotheus 4,7. Sehr eindrücklich versucht sich Schramm vorzustellen, wie Paulus im Jahr 51 in Korinth die Isthmischen Spiele miterlebt hat und davon beeindruckt die Parallelen zum Lauf des Glaubens zieht. Schramm, M. (2006), S.9-12.

dass der Glaube immer dann in Gefahr geriet, wenn er der Versuchung erlag, sich irgendwo festzusetzen.[8] Lebendiger Glaube dagegen wächst und bewegt sich; er bricht immer wieder auf, lässt krankmachende und unheilvolle Strukturen des Lebens hinter sich, er sieht sich noch nicht am Ziel.[9]

Es bleibt deshalb eine wesentliche pastorale Aufgabe, Menschen „zu bewegen" bzw. „mit ihnen unterwegs zu sein", sie seelsorglich und spirituell auf ihren Lebenswegen zu begleiten, sie zum Nachdenken und -fragen anzuregen und vom Glauben her Hilfen bereit zu stellen.[10] Der Gemeindealltag bietet hierzu auch mancherlei Anknüpfungspunkte: Zum Beispiel Kasualien wie Taufe, Konfirmation, Trauung und Beerdigung, die auch als „ritès de passage" (Übergangsrituale) bezeichnet werden, selbstverständlich die Gottesdienste, Bibelkreise oder auch Seelsorgegespräche.

Andererseits sehnt sich der Mensch der Postmoderne anscheinend auch nach ganz **konkreten spirituellen Wegerfahrungen**. So erlebte z.B. **das Pilgern** in den vergangenen Jahren – auch im Protestantismus – eine Renaissance.[11] In einer erfahrungsarmen und abstrakter werdenden Lebenswelt wächst die Sehnsucht, etwas zu erleben. Viele Menschen wollen den Trott des Alltags mit seinen pausenlosen Anforderungen durchbrechen. Die vorwiegende Beanspruchung des Intellekts führt zum Wunsch nach emotionalen und körperlichen Erfahrungen. Doch um die unumstrittenen positiven Effekte des Pilgerns auf Körper, Geist und Seele zu erfahren, braucht man Zeit oder besser, die Möglichkeit für einen größeren Zeitraum seinen Lebensalltag verlassen zu können.[12] Für viele Menschen ist dies aber nicht so ohne weiteres möglich.

---

[8] Vgl. Douglass, K. (2006), S.84. In diesem Zusammenhang erwähnt Douglass die ersten Kirchenbauten im 4. Jahrhundert, mit denen die Kirche „sesshaft", und dadurch aus einer Bewegung schließlich eine Institution wurde. Dieses „Festsitzen" habe der Christenheit nicht unbedingt gut getan.
[9] Ebd.
[10] Vgl. ausführlich Schneider, N./ Lehnert, V. A. (2009), 85-88.106-108.
[11] Vgl. Zimmerling, P. (2010), S.267-269.
[12] Hape Kerkeling etwa als prominentes Beispiel, der mit seinem Buch „Ich bin dann mal weg" den „Camino" in aller Munde gebracht hat, hat sich 41 Tage aus seinem sonstigen Alltag herausgelöst. Kerkeling, H. ([34]2007).

Für mich persönlich habe ich eine andere „Bewegungsform mit Tiefgang" entdecken dürfen: Das **langsame, sanfte Laufen**. Im Unterschied zum Pilgern ist das Laufen nicht an eine längere „Auszeit" gebunden, sondern kann mit wesentlich geringerem Zeitaufwand quasi „direkt vor der Haustür" beginnen. Im Vergleich zum Gehen (Pilgern) verändert sich beim Laufen zwar die Gangart und die Körperbewegung, *„speziell in punkto Armhaltung und Fußaufsetzverhalten"*[13], doch das langsame Laufen bedeutet keine Tempoverschärfung. Ohne irgendeinen Leistungsdruck praktiziert, kann deshalb auch derartiges Laufen – wie noch konkret zu zeigen sein wird - zum Ausgangspunkt spiritueller Erfahrungen werden.

Das langsame Laufen steigert zudem nachweislich das Wohlbefinden und wirkt insgesamt positiv auf die körperliche und seelisch-mentale Gesundheit des Menschen, wie ebenfalls nachfolgend noch zu erörtern ist. Läufer fühlen sich in der Regel gesünder und fitter. Gerstenköper stellt sogar fest, *„dass keiner anderen Sportart so mannigfache Einwirkungen auf Körper, Geist und Seele zu gesprochen wird, wie dem Laufen"*[14].

Durch das von Prof. Dr. Alexander Weber entwickelte Paderborner Modell der Lauftherapie[15] werden Menschen behutsam und unter Anleitung „mit auf den Weg genommen" und genau an dieses gesundheitsorientierte, wohltuende Laufen herangeführt. Unzählige Kursanten, die in den vergangenen mehr als 25 Jahren an den Einsteigerkursen der Lauftherapie teilnahmen, haben bereits die ganzheitliche Wirkung des therapeutischen Laufens bestätigen können.[16] Ein weiterer Grund, die positiven Wirkungen des therapeutischen Laufens auch den Menschen meiner Gemeinden nahezubringen.

Im vorliegenden Buch möchte ich deshalb zeigen, wie **Lauftherapie und kirchliche Gemeindearbeit** integrativ verbunden werden und

---

[13] Weber, A./ Schüler, W. W. (2005), S.7.
[14] Gerstenköper, B. (2008), S.3.
[15] Siehe Weber, A. (1999), S.13-53. Weber, A. (2013), S.13-37.
[16] Vgl. Weber, A. (2013), S.11.

einander gegenseitig bereichern können. Anhand eines ersten durchgeführten Projektes mit Gemeindegliedern sollen die theoretischen Grundlagen auf die Praxis bezogen bzw. von ihr her reflektiert und vertieft werden. Entscheidend war für mich dabei, die bereits bestehenden „Elemente" bei der Durchführung einer Lauftherapie mit geistlich-meditativen Impulsen zu kombinieren und danach zu fragen, inwieweit bzw. wie die so von mir als Pfarrerin kombinierte „meditative" Lauftherapie wirkt – speziell in den Bereichen „Seelsorge", „Spiritualität" und „Kybernetik" (Lehre vom Gemeindeaufbau).

Zunächst werden in Kapitel 2 die Lauftherapie und das Paderborner Modell vorgestellt. Kapitel 3 beschäftigt sich mit der Lauftherapie vor dem Hintergrund gegenwärtiger Diskussion und Praxis von Kirche und Sport. In Kapitel 4 werden dann die theoretischen Grundlagen, die eine Verbindung von Lauftherapie und kirchlicher Gemeindearbeit rechtfertigen bzw. sinnvoll ermöglichen, aufgezeigt. Die Aspekte „Seelsorge", „Spiritualität" und „Kybernetik" werden dabei ausführlich zu erläutern und zur Lauftherapie in Beziehung zu setzen sein. Kapitel 5 beschreibt das in der Gemeinde durchgeführte Projekt mit seinen verschiedenen Facetten. Exemplarisch werden zwei „Laufeinheiten" vorgestellt, um die Kombination von Lauftherapie und geistlich-meditativen Impulsen praktisch zu verdeutlichen. Kapitel 6 schließlich stellt den empirischen Teil dar. Hier werden die Ergebnisse verschiedener Befragungen, Auswertungsbögen und durch Leitfaden gestützte Interviews zusammengetragen und methodisch ausgewertet, und zwar im Hinblick auf die Aspekte von Seelsorge, Spiritualität und Kybernetik. Ein Fazit in Kapitel 7 fasst noch einmal die wichtigsten Beobachtungen, Erfahrungen und Bewertungen zusammen und versucht einen Ausblick für eine weitere konstruktive Zusammenführung von Lauftherapie und Gemeindearbeit zu geben.

2. Laufen als Therapie und das Paderborner Modell

2.1. „Laufen" und „Therapie" - Begriffserklärungen

Um uns dem nachfolgenden Themenkomplex ausführlich zuwenden zu können, ist es zunächst sinnvoll, die beiden Grundbegriffe „Laufen" und „Therapie" zu definieren und mit einer kurzen Ausführung zu konkretisieren.

2.1.1. Laufen – eine Definition

Unter „Laufen" versteht man eine Fortbewegungsart, die im Gegensatz zum Gehen sogenannte Flugphasen aufweist. Während beim Gehen stets ein Fuß mit dem Boden in Kontakt bleibt, befinden sich beim Laufen für einen Bruchteil einer Sekunde beide Füße in einem **Schwebezustand** über dem Boden. Gerade diese „Schwebephase" wird von Läufern häufig als ein Gefühl von Leichtigkeit oder gar beschwingender Freude beschrieben.[17]

Unser Körper bedient sich, um die Muskulatur beim Laufen mit ausreichend Energie zu versorgen, grundsätzlich zweier Energiegewinnungsprozesse: Je nach Intensität greift er auf die aerobe oder anaerobe Energiebereitstellung zurück. Das langsame, sanfte Laufen findet im aeroben Bereich statt, das heißt: Der über die Atmung zugeführte Sauerstoff reicht aus, um den Sauerstoffverbrauch zu decken. Dies ermöglicht es, über einen längeren Zeitraum durchgehend zu laufen ohne das *„durch zu hohe Tempo provozierte Auftreten von Atemnot"*[18]. Ist bei einem Läufer das Tempo allerdings so hoch, dass er außer Atem gerät, steht dem Körper nicht mehr ausreichend Sauerstoff zur Verfügung und die Energiegewinnung läuft weitgehend ohne Verbrauch von Sauerstoff ab, also an-aerob. Diese Art des Laufens ist zeitlich nur sehr begrenzt möglich.
Laufen im Rahmen der Lauftherapie ist grundsätzlich ein **aerobes Laufen**, ein **langsamer Dauerlauf** in einem Tempo, in dem sich der

---
[17] Vgl. hierzu auch Weber, A. (2013), S.14.
[18] Gerstenköper, B. (2008), S.5.

Läufer noch problemlos unterhalten kann[19]. In der Literatur wird dieses Laufen auch manchmal mit dem Begriff des „Joggens" bezeichnet[20], vermutlich von „jump" (=springen) und „go" (=gehen). Ulrich Bartmann zum Beispiel bevorzugt den Begriff des „Joggens" vor dem des „Laufens", um sich damit von einem Leistungsehrgeiz als Laufmotivation klar abzugrenzen[21]. Der therapeutische Lauf ist in der Tat nicht wettbewerbsorientiert[22] und soll nicht unter Leistungsdruck geschehen, dennoch wird im Folgenden nicht von „Joggen" gesprochen, sondern weiterhin der durch die „Lauf"-Therapie gesetzte Terminus „Laufen" im oben beschriebenen Sinne gewählt.

2.1.2. Therapie – eine Definition
Wenn man dem Laufen therapeutische Wirkungen unterstellt, sollte nun auch der Therapiebegriff näher bestimmt sein.
Der aus dem Griechischen stammende Begriff „Therapie" (θεραπεια) bedeutet wörtlich sowohl *„die Gottheit ehren"*, *„der Gottheit dienen"* als auch *„Dienstleistung, Pflege, Heilung"*[23]. Abgeleitet vom letztgenannten Bedeutungsspektrum wird unter Therapie hauptsächlich eine Dienstleistung bzw. eine Pflege der Kranken verstanden[24] und meint im Allgemeinen *„das Behandeln von Krankheiten bzw. die Maßnahmen zur Heilung einer Krankheit"*[25]. Je nach Krankheitsbild geschieht dies durch verschiedene Therapie- bzw. Behandlungsformen. Während ein Chirurg beispielsweise durch einen operativen Eingriff therapiert, therapiert ein Psychologe bei einer vorliegenden seelischen Erkrankung durch Gespräche mit dem Patienten.[26] Das Ziel ist in beiden Fällen *„die Heilung bzw. ... die Wiederherstellung der körperlichen und psychischen Funktionen"*[27].

---

[19] Vgl. Richter, K. (2013), S.43.
[20] So z.B. Bartmann, U. (^{5}2009), S.11.
[21] Ebd.
[22] Vgl. u.a. Richter, K. (1995), S.17.
[23] Gemoll, W. (1954), S.372.
[24] Vgl. Stoll,O. / Ziemainz, H. (2012), S.2.
[25] Gerstenköper, B. (2008), S.6.
[26] Vgl. ebd.
[27] Stoll, O./ Ziemainz, H. (2012), S.2.

Der zweite Bedeutungsaspekt von Therapie, sozusagen sein „religiöser" Kern, bleibt dabei allerdings meist unberücksichtigt[28]; denn Heil-Sein wurde infolge einer zunehmenden wissenschaftlichen Welterklärung *„nicht mehr als ganzheitliches Erleben erfasst, sondern auf das rein Materiell-Messbare reduziert"*[29]. In jüngster Zeit hat sich dies wieder geändert. So entdecken zum Beispiel zunehmend mehr Psychotherapeuten in der Behandlung ihrer Klienten die positiven Wirkungen spiritueller Dimensionen wie etwa *„die befreiende Wirkung des Verzeihens, die stabilisierende Funktion der Dankbarkeit, die Widerstandskraft von Hoffnung und Vertrauen"*[30].
Therapie wird in diesem Buch als **Heilung bzw. Intervention im ganzheitlichen Sinne** verstanden, die auf das Leben von Menschen gerichtet ist und Veränderungen herbeiführen soll.[31] Im Sinne einer Hinwendung von der „Pathogenese" zur „Salutogenese", wird dabei der Schwerpunkt auf die gesundheitlichen Ressourcen gelegt, also auf die Frage, was den Menschen gesund macht bzw. erhält.[32] Die Offenheit für eine **spirituelle Dimension von Heil-sein** wird impliziert.

2.2. Die Effektivität des Laufens als Therapie

Die Doppelwirkung von Entspannung und Aktivierung zählt zu einem wichtigen Laufmotiv der Menschen unserer Tage.[33] Die Gründe für solch gegeneinander gerichtete Wirkungen liegen sowohl im somatischen wie im psychischen Bereich, auf die das langsame regelmäßige Laufen nachweislich positiv Einfluss nimmt. Diese Wirkungen werden nun im Überblick benannt und sollen die Dignität lauftherapeutischen Handelns unterstreichen.

---

[28] Vgl. Utsch, M. (2013), S.29.
[29] Utsch, M. (2013), S.29. Utsch beschreibt in diesem Zusammenhang, dass noch im Mittelalter der Arztberuf von der Geistlichkeit ausgeübt wurde. Mönche gründeten Hospitäler und Diakonissen prägten über Jahrhunderte das Leitbild für Diakonie und Pflege. Durch die Aufklärung brachen dann religiöses Heil und säkulares Heil auseinander.
[30] Ebd.
[31] Vgl. ebd.
[32] Vgl. auch Richter, K. (2006), S.29.
[33] Vgl. Marlovits, A. M. (⁴2008), S.32.

2.2.1. Wirkungen im somatischen Bereich[34]

Zu den positiven Auswirkungen auf die körperliche Gesundheit zählen u.a. die **Kräftigung des Herzmuskels**, eine **verbesserte Durchblutung des Herzens** und die **Stärkung des Immunsystems**. Laufen kräftigt die **Muskulatur** und verbessert damit einhergehend die **Stoffwechsellage**. Auch auf das **Hormonsystem** wirkt sich das Laufen positiv aus. Gerade diese körperlichen Effekte – insbesondere das Herz-Kreislauf-System betreffend - führen zu einem Gefühl erhöhter Vitalität. Man fühlt sich fitter und gesünder.

Hinzu kommt, dass auch körperliche Erkrankungen und Risikofaktoren durch das Laufen positiv beeinflusst werden. So führt Laufen zu einem Abbau von Fettgewebe, der HDL-Cholesterinspiegel, dem Schutzwirkung zugeschrieben wird, nimmt zu; **Gewicht wird reduziert** und dadurch Folgeerkrankungen vermieden. Ebenso **sinkt das Risiko für einen Herzinfarkt**. Eine **Senkung des Blutdrucks** kann zum Beispiel das Schlaganfallrisiko vermindern. Eine Besserung des Krankheitsbildes bei **Diabetes mellitus** wurde ebenfalls nachgewiesen. Darüber hinaus wird dem Laufen auch eine positive Wirkung in der **Vor- und Nachsorge von Krebserkrankungen** attestiert, es führt hier vor allem zu einer deutlichen Zunahme des Wohlbefindens und der Leistungsfähigkeit.

In der Gemeindearbeit komme ich mit sehr vielen körperlich erkrankten Menschen – auch jüngeren Alters – in Berührung, die sich nicht nur nach Gesundheit sehnen, sondern auch nach neuer Kraft, neuem Leistungsvermögen und damit einhergehend neuem Lebensmut. Angeleitetes therapeutisches Laufen könnte neben der bereits in vielen Fällen wahrgenommenen seelsorglichen Begleitung und neben anderen Maßnahmen, wie einer medikamentösen Therapie oder einer Ernährungsumstellung, sicherlich Krankheitsverläufe positiv beeinflussen.

---

[34] Eine ausführlichere Darstellung und Erläuterung der körperlichen Effekte des Laufens findet sich bei Bartmann, U. (^{5}2009), S.15-22 und Gerstenköper (2008), S.14-22.55.

Da zwischen körperlichen und psychischen Prozessen diverse Wechselwirkungen bestehen, hat eine verbesserte körperliche Befindlichkeit auch Einfluss auf die Psyche des Menschen. Im Umkehrschluss wirken positive psychische Veränderungen auch auf somatischer Ebene.[35]

2.2.2. Wirkungen im psychischen Bereich[36]

Die positiven Auswirkungen des Laufens auf die Psyche sind ebenfalls durch zahlreiche wissenschaftliche Studien belegt.[37] So führt Laufen zur **Verbesserung der Schlafqualität** oder gar zur **Behebung von Schlafstörungen**; **Stresszustände** können reduziert werden, ebenso **Ängste**. Eine **Steigerung des Selbstwertgefühls** und des **allgemeinen Wohlbefindens** sowie ein „**günstigeres Selbstkonzept**"[38] sind weitere nachgewiesene Wirkungen des regelmäßigen Laufens. Ebenso belegt ist eine **Verbesserung der geistigen Leistungs- bzw. Konzentrationsfähigkeit.**

Stressreduktion und Angstabbau, die mit dem Laufen einhergehen, zeigen auch grundsätzlich positive Auswirkungen auf **psychosomatische Störungen**, von denen angenommen wird, dass dabei Emotionen und Denkprozesse eine zentrale Rolle spielen bzw. der ursächliche Versuch des Organismus, sich an Stressoren anzupassen.[39]

---

[35] Vgl. Bartmann, U. (^{5}2009), S.15.
[36] Unter „psychisch" sind im Folgenden im Sinne der Psychologie alle bewussten und unbewussten Abläufe des Erlebens wie das Wahrnehmen, Denken, Fühlen, Wollen zu verstehen.
[37] Vgl. ausführlicher Weber, A. (2013), S.17f, Bartmann, U. (^{5}2009), S.31-50 und Gerstenköper, B. (2008); S.22-31. Neuere Erklärungsversuche für die positiven Stimmungsveränderungen, die unmittelbar durch sportliche Aktivität entstehen, sind die „Endocannabinoid-Hypothese" und die „Transiente Hypofrontalitätshypothese". Erstere geht davon aus, dass das Neurotransmitter-System durch Sport aktiviert wird, und zu den positiven Effekten führt. Die zweite Hypothese folgt dem Ansatz der Neuropsychologie, der ein Herunterregulieren der präfrontalen Hirnregionen durch sportliche Aktivität postuliert; damit werden bewusste, kognitive Prozesse, wie zum Beispiel das Grübeln vermindert, es kommt zu einem Verlust von Raum- und Zeitwahrnehmung und dem Gefühl einer dahinfließenden Aktivität ohne bewusste Anstrengung (meditative Bewusstseinszustände/ Flow-Erfahrung). Dazu siehe ausführlich Stoll, O./ Ziemainz, H. (2012), S.21-28 ebenso Schneider, S. (2013), S.25-29.38-43.
[38] Weber, A. (2013), S.18.
[39] Siehe auch Tausch, R. (1999), S.181-192.

Die benannten Wirkungen im psychischen Bereich machen therapeutisches Laufen auch und gerade für die Beratung von Menschen in Lebenskrisen interessant. So könnte auch im gemeindlichen Kontext eine Kombination von Gespräch und „gesunder Bewegung" hilfreich sein.

2.3. Die Lauftherapie nach dem Paderborner Modell
Wie kann Lauftherapie nun ganz praktisch angewendet werden? Ein Blick in ein konkretes Konzept, dem Paderborner Modell der Lauftherapie, soll darüber Aufschluss geben.

2.3.1. Entstehung und Definition
Die Gesundheitswirkung des langsamen Laufens wurde lange Zeit in Deutschland fast ausschließlich im somatischen, speziell sportmedizinischen Bereich erforscht; dagegen lag die seelisch wirksame Seite „*vergleichsweise lange im wissenschaftlichen Dunkel*"[40]. Der Begriff der „Lauftherapie" wurde dann maßgeblich von Alexander Weber, Psychologe und mittlerweile emeritierter Hochschullehrer (Universität Paderborn), begründet und Anfang der 1980er Jahre zu einem systematischen Behandlungsansatz - dem sogenannten Paderborner Modell - weiterentwickelt.[41] Es ist das bedeutendste Verdienst Webers, formuliert Richter, dass er „*das ‚Laufen als Therapie' lehr- und lernbar gemacht hat*"[42]. Nach weiteren Jahren intensiven Forschens gründete Weber mit einigen Medizinern das Zentrum für Lauftherapie, das heutige Deutsche Lauftherapiezentrum e.V. (DLZ). Das Institut organisiert Lauftherapiekurse, aber vor allem bietet es seit 1991 regelmäßig Aus- und Weiterbildungskurse zum Lauftherapeuten bzw. zur Lauftherapeutin an.[43]

Die Dozenten des DLZ definierten den Begriff „Lauftherapie" dann 1993 wie folgt: *„Die Lauftherapie ist ein ganzheitlicher, unspezifischer*

---

[40] Schüler, W. W. (2014), S.35.
[41] Siehe Weber, A. (1999), S.15.
[42] Richter, K. (2006), S.28.
[43] Vgl. ebd. Die Ausbildung zu Laufgruppenleitern und Laufpädagogen sei ebenfalls erwähnt.

Weg zur Prophylaxe und Behandlung von Beeinträchtigungen im physischen und psychischen Bereich."[44]

Die Interpretation dieser Definition beruht auf den im nachfolgenden Abschnitt aufgeführten Annahmen und Schlussfolgerungen der bisherigen Forschung.

2.3.2. Annahmen und Grundlagen[45]

Grundsätzlich geht Weber davon aus, dass aus entwicklungsbiologischer Sicht der **Mensch ein Bewegungstier** ist. Laufen ist also dem Mensch-sein immanent, und es wäre gewiss für den modernen Menschen, der längst zum ‚homo sedens' geworden ist, ein guter Ausgleich zu seinem sonstigen Alltag.

Laufen ist neben dem Gehen die **am leichtesten zu erlernende und auszuführende Ausdauerübung**.

Weber geht darüber hinaus von einem **holistischen Menschenbild** aus, das heißt er sieht den Menschen als eine „leib-seelische Einheit", in der Körper, Geist und Seele nicht voneinander getrennt zu betrachten sind. Lauftherapie setzt zwar beim Körper an, strahlt aber dann auf die beiden anderen Bereiche aus; denn alle Teilsysteme stehen – wie bereits unter 2.2.1. und 2.2.2. erläutert - in einer wechselseitigen Beziehung.[46]

Des Weiteren weist Weber auch auf den **lebensverändernden Aspekt des Laufens** hin. Alte krankmachende Lebensweisen können abgeschafft und neue Gewohnheiten entwickelt werden. Regelmäßige Läufer achten sorgsamer auf das, was sie be- bzw. entlastet; sie werden sensibler für das, was ihr Körper ihnen sagt und lernen ihren

---

[44] Weber (1999), S.16. Die „Wort für Wort"-Exegese dieser Definition (zitiert nach Grell) findet sich u.U. bei Schüler, W. W. (2014), S.35.
[45] Zum Folgenden siehe ausführlich Weber, A. (2013), S.14-17.
[46] Diese ganzheitliche Sicht des Menschen entspricht im Übrigen auch der Denkart des Alten Testaments, der eine Unterscheidung von Leib und Seele fremd ist; insbesondere im Begriff „Näfäsch" , der meistens nur mit „Seele" wiedergegeben wird, schwingt die Ganzheitlichkeit des Menschen stets mit. (vgl. Gesenius (1962), S.514f.) Selbst der bereits vom griechischen Denken seiner Zeit beeinflusste Paulus betont auch im Neuen Testament noch den besonderen Wert und Zusammenhang des Körpers zum Geist. So formuliert er zum Beispiel: „Wisst ihr nicht, dass euer Körper ein Tempel des Heiligen Geistes ist, der in euch ist und den ihr von Gott habt..." (1. Korinther 6,19f.)

eigenen Anteil an seelischer und körperlicher Gesundheit zu akzeptieren und zu verstehen. Weber zieht das Fazit: *„Laufen wirkt. Es ist ein hervorragendes Mittel, um die Gesundheit und das Wohlbefinden auch all jener Menschen zu verbessern, die sich vorher nie oder kaum sportlich bewegt haben"*[47]. Ganz abgesehen davon, dass es sich bei der Lauftherapie um eine **kostengünstige Therapieform** handelt.

2.3.3. Bausteine der praktischen Lauftherapie
Die folgende Abbildung stellt zunächst die Bausteine/ Essentials der von Alexander Weber nach dem Paderborner Modell entwickelten Lauftherapie im Überblick dar.[48]

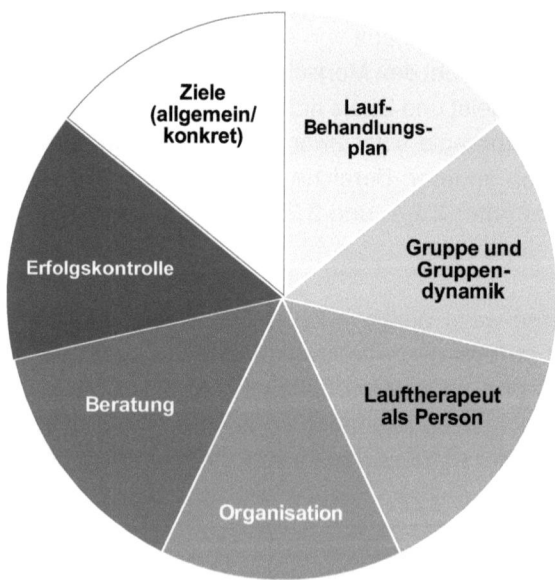

Abbildung 1: Bausteine der praktischen Lauftherapie nach dem Paderborner Modell (eigene Darstellung in Anlehnung an A. Weber)

---

[47] Weber, A. (2013), S.18.
[48] Siehe zum Folgenden ausführlich Weber, A. (2013), S.19-37.

Da die einzelnen Bausteine bei der Beschreibung des von mir durchgeführten Projektes (unter Punkt 4) noch zu konkretisieren sind, werden hier nur einige Aspekte herausgegriffen:

Das im Paderborner Modell praktizierte sanfte **Standard-Laufprogramm**, was die individuellen Vorgaben der Kursteilnehmer berücksichtigen soll, geschieht nach dem Prinzip: *Minuten zählen, nicht die Kilometer*"[49]. Es beinhaltet Geh- und Laufphasen im Wechsel, wobei mit fortschreitender Übung die Laufphasen länger und die Gehphasen weniger und kürzer werden.[50] Die Belastung wird *"schrittweise und stressfrei aufgebaut"*[51], sodass der Körper sich allmählich anpassen kann und sich die gewünschten positiven Wirkungen einstellen können. Das Laufprogramm wird durch Kräftigungs- und Dehnübungen abgerundet. In der Standardform können die Laufanfänger nach 12 Wochen in einem moderaten Tempo 30 Minuten am Stück laufen.[52]

Das gesundheitsorientierte Laufen nach dem Paderborner Modell findet in der Regel in einer **Gruppe** statt.[53] Diese kann zum Ort gelebter Gemeinschaft werden oder auch nicht. Erfolg oder Misserfolg der Lauftherapie werden davon nicht unerheblich beeinflusst.

Der wichtigste Garant allerdings für den Erfolg der Lauftherapie, so bemerkt Weber, ist die **Person des Lauftherapeuten**. Er oder sie soll *"Experte rund um das Laufen (sein), Pädagoge, Freund, Helfer, Berater, Begleiter, Vorbild"*[54]. Er sollte auf jeden Fall „therapeutisch-mitfühlend" Anteil am einzelnen Klienten nehmen, und die eigenen positiven Erfahrungen

---

[49] Weber, A. (2013), S.19. Strecken verleiten leicht zu einem höheren Tempo, während Minuten gleich bleiben. Vgl. auch Schüler, W. W. (2014), S.36.
[50] Siehe Weber, A. (2013), S.26.
[51] Schüler ebd.
[52] Zum Standard-Programm siehe Weber, A. (1999), S. 37.
[53] Lauftherapie kann auch mit einzelnen Klienten sinnvoll sein. S. Weber, A. (2013), S.29.
[54] Weber, A. (2013), S.20.

mit dem langsamen Laufen so vermitteln, dass der Teilnehmer sich auch auf die Erfahrung einzulassen bereit ist.[55]

Von der Person des Lauftherapeuten ist auch der ‚Einsatzort' von Lauftherapie abhängig; so stehen in der Praxis verschiedene Möglichkeiten offen, das jeweilige Angebot (und Variationen sind durchaus willkommen) *„an den Mann, die Frau und/ oder das Kind zu bringen"*[56].

Das Einsatzgebiet – unter Berücksichtigung der Vorgaben der Teilnehmer - entscheidet dann auch über die jeweilige **Organisationsstruktur**, die sich konkret mit der Vorbereitung, Durchführung und Nachbereitung der Lauftherapie befasst.

Da der Lauftherapeut *„teilnehmender Beobachter"*[57] ist, also mit der Gruppe mitläuft und nicht wie ein Trainer außenstehend Anweisungen gibt, kann er neben dem Geplanten und Vorbereiteten die vielfältigen Aspekte von **Beratung** (personenbezogen oder sachlich, informell) noch gezielter wahrnehmen. Wenngleich er seine eigenen Grenzen beachten und gegebenenfalls dann auch einmal Teilnehmer an eine andere „Adresse" verweisen sollte. Die Teilnehmer beeinflussen sich darüber hinaus auch selbst beratend.[58]

Die „teilnehmende Beobachtung" hilft aber nicht nur bei Beratung und entsprechenden Hilfestellungen, sondern ist vor allem auch der **Erfolgskontrolle** zuträglich. Beobachtungsnotizen, Tests, Fragebögen, Statistiken u.a. sollen die Effektivität der durchgeführten Lauftherapie überprüfen bzw. überprüfbar machen.

---

[55] Vgl. Richter, K. (2013), S.39.
[56] Schüler, W. W. (2014), S.37. Schüler führt auch einige der Einsatz-Möglichkeiten auf.
[57] Richter (2013), S.39.
[58] Vgl. Weber (2013), S.32.

Der Erfolg der durchgeführten Lauftherapie „misst" sich vor allen Dingen an den **allgemeinen und konkreten Zielen**, die es im Vorfeld – sicherlich auch in Abhängigkeit vom jeweiligen Einsatzgebiet - zu bestimmen gilt.

3. Lauftherapie vor dem Hintergrund gegenwärtiger Diskussion und Praxis von Kirche und Sport

Nach Definition und Darstellung der Lauftherapie – explizit am Paderborner Modell – soll nun der kirchliche Kontext in den Blick genommen werden.

Laufen - wenn auch unter therapeutischen Gesichtspunkten angeleitet und betrieben - sowie Sport generell gehören nicht unbedingt zu den üblichen Arbeitsgebieten der Kirche. Doch mit der zunehmenden Bedeutung des Sports in unserer Gesellschaft und dem gleichzeitigen Auftrag der Kirchen, die Phänomene der Zeit zu beachten, sie vom Evangelium her zu deuten und auf eine angemessene Weise auf sie zu reagieren[59], beschäftigt sich auch Kirche auf unterschiedliche Weise mit dem Thema „Kirche und Sport". Dies sowohl in einer theologisch geführten Auseinandersetzung (3.1.) als auch auf praktischer Ebene (3.2.).

3.1. Theologischer Diskurs

Sport und christliche Religion werden in der allgemeinen Einschätzung oft als gegensätzlich wahrgenommen.[60] Das Geistliche auf der einen Seite, das Körperliche auf der anderen. Eine scheinbare Leibfeindlichkeit des Christentums einerseits, die *„Glorifizierung der körperlichen Überlegenheit im Sport der Gegenwart"* [61] andererseits. Dass solche plakativen Zuordnungen beiden Seiten nicht gerecht werden können, erscheint naheliegend.

Da im wissenschaftlichen Diskurs sich Sportwissenschaftler im Allgemeinen weniger mit dem Feld der Theologie beschäftigen, während in theologischen Publikationen das Phänomen Sport durchaus thematisiert wird[62], wird hier ausschließlich die theologische Auseinandersetzung skizziert und erörtert. Diese kreist vor allem um die beiden

---

[59] Vgl. auch Goertz, S. (2008), S.153.
[60] Vgl. Schneider, S. (2013), S.16.
[61] Ebd.
[62] Vgl. ebd. Das hat sicherlich auch damit zu tun, dass Kirche es als Aufgabe ansieht, sich mit aktuellen Phänomenen der Gegenwart (immer mehr Menschen treiben Sport) zu beschäftigen. Dies gilt für den protestantischen wie den katholischen Bereich; s. hierzu auch Goertz, S. (2008), S.153-156.

Themenkomplexe: Sport als „Ersatzreligion" und Sport als „Körperkult".

3.1.1. Sport als „Ersatzreligion"?

In früheren Diskursen wurde Sport fast ausschließlich unter dem Gesichtspunkt **„Ersatzreligion"** bewertet und dies vor allem vor dem Hintergrund institutionalisierter und großangelegter Sportveranstaltungen wie die Olympischen Spiele oder die Fußball-Bundesliga[63]. Hierbei wird aber nicht das Sporttreiben als solches kritisiert, also die physische Bewegung, sondern der Kultcharakter, der derartigen Ereignissen anhaftet.[64] Die sich darauf beziehende Kritik richtet sich gegen *„mangelnde Transzendenz und Fehlen eines wirklichen Sinninhaltes"* sowie eine *„fehlende ethische und moralische Verantwortung des Sports"*[65], durch reinen Konsum verliere der Sport seine pädagogisch-moralische Sinnebene, sozusagen die ursprüngliche Grundidee des Sporttreibens der Neuzeit (Erziehung durch Bewegung, Spiel und Sport). Während dem zweiten Aspekt eines passiven Kultes durchaus zuzustimmen ist und man der damit einhergehenden wirtschaftlichen Vermarktbarkeit des Sport kritisch gegenüberstehen kann[66], bemerkt der ehemalige EKD-Ratsvorsitzende Wolfang Huber zum ersten Kritikpunkt im Zusammenhang mit der Olympischen Idee zutreffend, *„wer freilich den Olympismus als Religion betrachtet, kann der Frage nicht ausweichen, wer seine Götter sind"*[67]. Und er fügt hinzu: *„Die Phase, in der diese Götter in Vaterland, Rasse, Ruhm und Ehre gesehen wurden, steht uns noch deutlich vor Augen"*[68].

---

[63] So z.B. Josuttis, M. (1996); Möller, C./ Ulrichs, H. G. (1997). Die Olympischen Spiele wurden z.B. von Coubertin – erster Präsident des olympischen Komitees - als „Kult des Diesseits" und „religio athletae" bezeichnet. S. Spitzer, G. (2003), S.66.
[64] Vgl. Möller, C. (1997), S.26-29. So ist etwa beim Fußball das Ritual des Spieles genau vorgegeben, es gibt schwarze Zeremonienmeister und Personen, die statt Weihrauch gelbe Fahnen schenken. Die Identität mit dem eigenen Verein kann zum Lebensinhalt werden. Und auch das Jahr mit seinen zentralen Festen wird nicht mehr durch den Kirchenkalender, sondern durch den Bundesliga-Spielplan festgeschrieben. Vgl. auch Schneider, S. (2013), S.17.
[65] Schneider, S. (2013), S.17.
[66] Die sozial-ethische Verantwortung des Sports und das Thema „Sport als edukatives Mittel" werden ausführlich in der gemeinsamen Erklärung der Kirchen zum Sport thematisiert. EKD Texte (1990).
[67] Huber, W. (2003), Zugriff: 6.8.2014.
[68] Ebd.

Da das Laufen und insbesondere das **therapeutische Laufen gerade nicht auf Passivität und Zuschauerkult ausgerichtet** sind, mag diese kurze Erörterung in unserem Kontext genügen[69]; zumal diese Diskussion auch mehr auf einer hochtheologischen und weniger realitätsadäquaten Ebene geführt wird[70].

3.1.2. Sport als „Körperkult"?

Anders verhält es sich bei dem gegenwärtigen theologischen Diskurs, der nun komplett auf die **Körperlichkeit des Sportes** bezogen wird, was im Grunde nicht falsch ist, weil Sport ja primär körperliche Aktivität bedeutet. Kritisiert wird eine durch die Leistungsgesellschaft provozierte *„Fixierung und Reduzierung auf das Körperliche und der Hinweis darauf, dass der Mensch nicht vom Brot allein lebt"*[71]. Es werden in diesem Zusammenhang aber auch positive Stimmen laut, die im Blick auf zunehmende bewegungsmangelbedingte Erkrankungen Sporttreiben im Sinne einer „Bewahrung der Schöpfung" verstehen. Wolfgang Huber definiert zum Beispiel Sport als *„eine Handlungsform, in welcher Menschen von den natürlichen Bedingungen des eigenen Lebens, der eigenen Körperlichkeit Gebrauch machen"*[72]. Sport hilft, so Huber, bei der Entfaltung der Würde und ist Ausdruck von Kreativität und Gestaltungskraft; der Mensch begegnet sich dabei selbst in der Einheit von Körper, Seele, Geist. Huber weist damit die Behauptung zurück, dass *„Leibvergessenheit oder gar Leibfeindlichkeit das bestimmende Motiv für das Verhältnis des christlichen Glaubens zur eigenen Körperlichkeit wäre"*[73].

Denn schon in der Schöpfungsgeschichte wird deutlich, dass der von Gott gegebene Körper Teil seiner guten Schöpfung ist. So heißt es dort: *„Gott sah an alles, was er gemacht hatte, und siehe, es war sehr

---

[69] Einzig in der Problematik von „Laufsucht" ließe sich ein Zusammenhang von Laufen und Ersatzreligion herstellen; da es aber beim therapeutischen Laufen um ein wohl dosiertes gesundheitsförderndes Laufen geht, wird hier auf eine ausführlichere Auseinandersetzung mit dem Thema „Laufsucht" verzichtet.
[70] Vgl. Schneider, S. (2013), S.18.
[71] Schneider, S. (2013), S.19.
[72] Huber, W. (2003), Zugriff: 6.8.2014.
[73] Vgl. ebd.

gut"74. Das Gut-heißen seiner Schöpfung kommt auch in Gottes bewahrendem Segen zum Ausdruck.[75] Die von Gott anvertrauten Gaben, so Huber, können wir genießen, und sie gilt es auch zu bewahren und zu pflegen. Allerdings zeigt sich das, was unser Leben wertvoll macht, zwar an unserem Körper und an dem, was wir mit ihm tun, der Körper selbst aber gibt dem Leben nicht seinen eigentlichen Sinn und Wert. Der Körper sollte nicht zum Götzen gemacht werden. Übertriebener Körperkult wird oft von der Vorstellung geprägt, sich aus eigenen Kräften verewigen zu können, der Gedanke an die Endlichkeit wird verweigert. *„Auch im Verhältnis zum eigenen Körper kann es furchtbar sein, wenn die Menschen Gott spielen"*[76].

Die Achtung menschlicher Würde zeigt sich darüber hinaus auch darin, wie wir *„mit der Würde derer umgehen, die unseren Idealen von Schönheit, Fitness und Erfolg nicht entsprechen"*[77].

Huber folgend verstehe ich **therapeutisches Laufen als eine Form der „Bewahrung der Schöpfung"**. Den von Gott gegebenen und gutgeheißenen Körper gilt es zu pflegen und zu bewahren. Dies scheint von besonderer Aktualität im Hinblick auf die zunehmenden Zivilisationskrankheiten unserer Zeit, die häufig mit einer Missachtung oder gar Geringschätzung der eigenen Körperlichkeit, also der guten Gabe Gottes, einhergehen. Darüber hinaus setzt therapeutisches Laufen – wie bereits erwähnt - zwar beim Körper an, zielt aber auf den Menschen in seiner Ganzheit, somit wird einem ungesunden Körperkult Vorschub geleistet. Des Weiteren zählt es zu den Grundbedingungen der Lauftherapie, sich „sportlich ungeübten" und untrainierten Personen zuzuwenden[78], also bewusst gerade auch jenen, die nicht (unbedingt) dem Ideal von Schönheit, Fitness und Erfolg entsprechen.

---

[74] 1. Mose 1, 31.
[75] Die griechischen und lateinischen Wörter für Segen – benedicere und ευλογειν (eulogein) – heben das auch sprachlich hervor. Sie werden übersetzt mit „gut-sprechen", „gutheißen".
[76] Huber,W. (2003), Zugriff: 6.8.2014.
[77] Ebd.
[78] Vgl. Weber, A. (2013), S.21.

3.2. Das „Zusammenwirken" von Kirche und Sport
In der Praxis herrscht zwischen Kirche und Sport eine **Atmosphäre gegenseitiger Achtung und Anerkennung** der grundlegenden Differenzen, die zu einer Begegnung auf Augenhöhe führt. Denn der, der Sport treibt, kann immer noch einen Glauben haben. Umgekehrt der, der sich als Christ versteht, kann sich zugleich für Sport begeistern. So begegnen Vertreter von Kirche und Sport einander primär nicht als Kritiker.[79]

3.2.1. Kleiner Ausschnitt historischer Eckdaten
Die Entstehung des Deutschen Sportbundes am 10.12.1950 ist interessanterweise bereits ohne die Mitwirkung der beiden großen Kirchen nicht zu denken[80]. 1955 werden dann Prälat Willy Bokler (katholische Kirche) und Pfarrer Karl Zeiss (Evangelische Kirche) in den Deutschen Sportbeirat berufen. 1959 spricht der Deutsche Sportbund eine Empfehlung zum Schutz der Sonn- und Feiertage aus. 1964 wird der Arbeitskreis Kirche und Sport in der EKD gegründet, 1966 Entsprechendes in der katholischen Kirche beantragt.[81]

1990 erscheint die bereits erwähnte gemeinsame Erklärung beider Großkirchen (KKD/EKD) zum Thema "Sport und christliches Ethos"[82].
2014 reist der evangelische Olympiapfarrer Thomas Weber als Ansprechpartner und Seelsorger der 150 Athleten mit nach Sotschi.[83]

Dieser kleine Abriss geschichtlicher Eckdaten mag genügen, um das von Zustimmung und Wertschätzung geprägte Verhältnis der beiden Kirchen zum Sport zu verdeutlichen. So engagieren sich also Pfarrer/innen - von ihrer Kirche beauftragt – seit vielen Jahren im Bereich

---

[79] Vgl. dazu ausführlich http://www.kirchliche-dienste.de/arbeitsfelder/sport/sport-und-theologie (Zugriff: 6.8.2014).
[80] Vgl. Page, O. (2013), S.158. Maßgeblich mitvorbereitet von Prälat Ludwig Wolker.
[81] Vgl. zu den Page, O. (2013), S.159.
[82] EKD Texte (1990), S.13: „Kontakte zwischen Kirchen-/Pfarrgemeinden und Sportvereinen sind von großer Bedeutung für das gesellschaftliche Klima und den Zusammenhalt der Menschen in einem Ort. Ziel muss ein konstruktives Miteinander sein, in dem beide voneinander lernen." In diesem Zusammenhang wird auch der Schutz von Sonn- und Feiertagen thematisiert.
[83] Vgl. Rütten, Manfred (6.8.2014). Auch schon in Vancouver war der Olympiapfarrer an Bord.

Sport. Für mein Vorhaben, Lauftherapie in die Gemeindearbeit zu integrieren, ist dies eine durchaus erfreuliche und ermutigende Grundlage.

3.2.2. Übergemeindliche Verbände mit dem Schwerpunkt Sportarbeit

Für den Sport in der evangelischen Kirche ist zudem eine übergemeindliche Verbandsarbeit charakteristisch, assoziiert etwa mit „SRS" (Sportler ruft Sportler)[84] oder auch dem „CVJM" (Christlicher Verein Junger Menschen)[85].
Letzterer – hauptsächlich im Kinder- und Jugendbereich engagiert - geht auf den in New York gegründeten und von Luther Gulick geprägten YMCA zurück. Gulick, der Elemente aus der Psychologie und Theologie für den YMCA nutzte, betonte den Zusammenhang von Körper und Geist: *„Was dem Körper gut tut, ist gut für den Geist."*[86] So begründete er seine christliche Sportarbeit. Im berühmten Dreieck des YMCA, das auch der CVJM übernommen hat, spiegelt sich die Einheit und das Zusammenwirken von Körper (body), Verstand (mind) und Geist/ Charakter (spirit).[87]

Die Kinder- und Jugendarbeit des CVJM ist auch in den von diesem Projekt betroffenen Gemeinden bekannt und vertraut, was möglicherweise die Akzeptanz von Lauftherapie (im Sinne von geistlich-sportlicher Aktivität unter Anleitung der Amtsperson) auf gemeindlicher Ebene positiv begünstigt.

---

[84] Vgl. http://www.srsonline.de (Zugriff 6.8.2014).
[85] Vgl. http://www.cvjm.de/arbeitsbereiche/cvjm-sport/grundlagen-und-ziele/ (Zugriff 6.8.2014). Dort heißt es: „CVJM-Sport fördert ganzheitlich Körper, Seele und Geist. Wir achten die Menschenwürde in Training, Spiel und Wettkampf. Wir treten dafür ein, dass christlich-ethische Werte höher geachtet werden als sportliche Erfolge. Wir wollen den Sportlerinnen und Sportlern die biblische Botschaft von Jesus Christus weitersagen und nahe bringen. Wir bieten Programme, die der ganzheitlichen Entfaltung menschlichen Lebens und der Entdeckung und Förderung körperlicher Begabungen dienen. Wir verhelfen den Menschen zu einer gesunden Lebensweise. Wir nehmen uns der Benachteiligten an. Wir bieten christliche Gemeinschaft an, die über die sportliche Gemeinschaft hinausreicht und schaffen Räume für Begegnung."
[86] Zit. nach Page, O. (2013), S.153.
[87] Zu Luther Gulick vgl. Page, O. (2013), S.153-155.

4. Lauftherapie und kirchliche Gemeindearbeit – theoretische Grundlagen

Wenden wir uns nun kirchlicher Gemeindearbeit vor Ort zu und fragen: Wo lassen sich konkrete Anknüpfungspunkte für eine Lauftherapie sehen bzw. wie lässt sich Lauftherapie mit pastoralen Aufgaben und Anliegen verbinden?

In ihrem Buch „Berufen-wozu?" (2009) beschreiben Schneider und Lehnert die Herausforderung des modernen Pfarrdienstes „zwischen Traditionsabbruch und Säkularisierung" mit den folgenden Kompetenzen und Aufgaben:
- von Gott reden und Gott loben - theologische Kompetenz[88],
- Menschen gewinnen, Gemeinde entwickeln - missionarische und kybernetische Kompetenz[89],
- Menschen begleiten - seelsorgerliche und diakonische Kompetenz[90],
- lehren, etwas vermitteln - die apologetische Kompetenz[91],
- zum Glauben anstiften, Lust auf spirituelles Leben machen - geistliche Kompetenz[92],
- Kooperation mit anderen, die sich ebenfalls für Menschen einsetzen - interdisziplinäre Kompetenz[93].

Die einzelnen Kompetenzen und Aspekte greifen im Gemeindealltag ineinander und sind natürlich je nach Persönlichkeitsstruktur des Pfarrers bzw. der Pfarrerin unterschiedlich ausgeprägt.

---

[88] Vgl. Schneider, N./ Lehnert, V. A. (2009), S.79-82.
[89] Vgl. ebd. S.82-85, 96-106.
[90] Vgl. ebd. S.85-88.
[91] Vgl. ebd. S.88-90.
[92] Vgl. ebd. S.106-108.
[93] Vgl. ebd. S.90-91.

Grundsätzlich lässt sich das Anliegen, Lauftherapie und Gemeindearbeit zu verbinden, als **interdisziplinär** bezeichnen[94]. Darüber hinaus sollen nun drei konkrete pastorale Aufgabenfelder benannt und ihr jeweiliger Bezug zum therapeutischen Laufen hergestellt werden.

4.1. Seelsorgerliche Dimension

Als Pfarrerin begleite ich Menschen in den unterschiedlichsten Situationen des Lebens: in Lebenskrisen und Nöten, bei psychisch-seelischen und körperlichen Leiden, bei Fragen des Lebens und des Glaubens, in Entscheidungssituationen. Es gehört die Sterbe- und Trauerbegleitung genauso dazu wie die Sorge für psychisch Erkrankte. Auch wenn Seelsorge im Kontext weitgehender Säkularisierung geschieht[95], wird sie doch immer noch in Anspruch genommen und nimmt sogar einen großen Teil meines Alltags ein.

Im Zusammenhang mit unserem Thema stellt sich die Frage, ob es zwischen Seelsorge und Lauftherapie konkrete Anknüpfungspunkte geben kann. Dazu ist zunächst eine Einordnung von Seelsorge nötig.

4.1.1. Seelsorge und ihre Bedeutung

Der Begriff Seelsorge hat einen *„vieldeutigen Gehalt"*[96], der eine präzise Definition ausgesprochen schwierig macht. Schon der Begriff selbst lässt sich nicht einfach biblisch herleiten, sondern stammt von Sokrates bzw. Platon, das Phänomen allerdings, nämlich die Begleitung von Menschen in ihren jeweiligen Lebenszusammenhängen, ist biblisch bezogen.[97] Trotz der Diffusität des Wortes klingt aber auch heute noch „Seelsorge" für viele Menschen durchaus vertrauenser-

---

[94] Hier teile ich auch die Ansicht Goertz', wenn er feststellt, dass „die Kontaktaufnahme zu den diversen nicht-theologischen Wissenschaften nicht vom eigentlichen des Glaubens wegführt, sondern zu seiner je notwendigen Vergegenwärtigung beiträgt. S. Goertz, S. (2008), S.156.
[95] Vgl. Klessmann, M. (⁴2012), S.16.
[96] Klessmann, M. (⁴2012), S.4.
[97] Vgl. ebd. Klessmann bemerkt darüber hinaus: Würde man der Herleitung des hebräischen Begriffs Näfäsch für Seele folgen, müsste man sogar exakter von „Lebens-Sorge" statt von „Seel"-sorge sprechen. (S.29) S. hierzu auch Anm.46.

weckend. Wobei hierfür sicherlich „*das kirchliche Amt, die Verpflichtung zur Verschwiegenheit sowie das Gefühl, im seelsorglichen Gespräch einmal nicht – wie in sonst fast allen Bereichen unserer Gesellschaft – funktionalisiert zu werden"*[98], die entscheidenden Faktoren darstellen. Hinzu kommt, dass während andere Berufe einen bestimmten Katalog von fachlichen Erfordernissen an die Hand bekommen und je nach Bedarf abzuarbeiten haben, es für den Seelsorger nichts Vergleichbares gibt. Es wird ausschließlich ein **angemessenes seelsorgliches Verhalten** von der betreffenden Amtsperson in der Vielfalt möglicher seelsorglicher Situationen erwartet.[99]

Doch auch wenn Seelsorge nicht eindeutig zu definieren ist, lässt sich dennoch ein Rahmen abstecken, innerhalb dessen sich das, was mit Seelsorge gemeint ist, bewegt. Im Folgenden werden einige Bedeutungsaspekte, die für unseren Zusammenhang relevant sein können, ausgeführt.[100]
Als **primäres Medium der Seelsorge** kann man das **Gespräch** unter vier Augen bezeichnen. Seelsorge partizipiert damit an den grundlegenden Erkenntnissen aus Psychologie, Philosophie und Kommunikationstheorie über die Regeln eines Gespräches. Seelsorge ist aber nicht ausschließlich an das Gespräch gebunden, so können beispielsweise in manchen Situationen auch **Rituale** sinnvoll sein.
Seelsorge ist „*Begleitung eines Menschen oder einer kleinen Gruppe in Alltags- und/ oder Krisensituationen"*[101]. Im seelsorgerlichen Gespräch gerät die Lebenswirklichkeit des Gegenübers – im Kontext seiner gesellschaftlichen und milieuspezifischen Situation – in den **Horizont des christlichen Glaubens, den die Seelsorgeperson repräsentiert.**

---

[98] Klessmann, M. (^{4}2012), S.6.
[99] Vgl. Klessmann, M. (^{4}2012), S.4. Das schließt natürlich nicht aus, dass der Seelsorger sich das Handwerkszeug anderer Disziplinen aneignen und gegebenenfalls dieses einsetzen kann.
[100] Ich folge hierbei den grundlegenden Ausführungen von Michael Klessmann und denen von Christoph Morgenthaler. Vgl. Klessmann, M. (^{4}2012), S.3-10. 198-200 und Morgenthaler, C. (^{2}2012), S.15-31.
[101] Klessmann, M. (^{4}2012), S.7.

Themen und Fragen, die im Zusammenhang des Alltags aufbrechen, können zum Inhalt der Seelsorge werden: z.B. Themen im Zusammenhang mit der individuellen Biographie, darunter auch Krankheit und Gesundheit; Themen, die religiöse und ethische Fragen betreffen; Themen, die um Sinn, Identität und Ziel des Lebens kreisen.
Seelsorge knüpft dabei an **universale menschliche Erfahrungen** an und scheint auf den ersten Blick nichts anderes zu sein als *„eine Weise der alltäglichen mitmenschlichen Anteilnahme und Solidarität"*[102].
Seelsorge stellt ein **niedrigschwelliges Angebot** dar (im Vergleich zum ärztlichen oder therapeutischen Gespräch).
Seelsorge versucht darauf hin zu arbeiten, *„**Spielräume für Handlungsfreiheit und Spontaneität zu vergrößern** und zugleich die Begrenzungen der Lebensfreiheit realistisch wahr- und anzunehmen"*[103]. Das Gegenüber wird dahingehend gestärkt, ein freies und verantwortliches Subjekt in der Beziehung zu sich selbst, zur Umwelt und zum Ganzen des Lebens zu werden.
Sie ist Sorge für andere mit dem **Ziel**, dass diese wiederum *„zur Selbstsorge, zur Einübung in Autonomie, **befähigt** werden"*[104]. Zur Selbstsorge gehört übrigens auch eine *„differenzierte Aufmerksamkeit auf den Leib"*[105].

4.1.2. Seelsorge und Lauftherapie

Für die Beziehung von Lauftherapie und Seelsorge ergeben sich daraus folgende Schlussfolgerungen:
Wie die Seelsorge zielt auch die Lauftherapie auf eine Stärkung des freien und verantwortlichen Subjekts in seiner Beziehung zu sich selbst mit dem Ziel der **Selbstsorge bzw. Selbsthilfe**.[106] Auch wenn Seelsorge die transzendente Ebene bei einem Heilungsprozess mit

---

[102] Klessmann, M. (⁴2012), S.6.
[103] Klessmann, M. (⁴2012), S.199.
[104] Klessmann, M. (⁴2012), S.33.
[105] Ebd.
[106] Vgl. Weber, A. (2013), S.21f. Weber spricht von der ‚Hilfe zur Selbsthilfe'.

einbeziehen kann, wird der Mensch dabei seiner Eigenverantwortung im Sinne einer „Bewahrung der Schöpfung" nicht entbunden[107]. Wenn ein Ziel der Seelsorge die Auseinandersetzung mit sich und der Umwelt ist, dann kann auch eine **körperliche Anstrengung eine Form des „Sich-Spürens"** darstellen.[108] In diesem Sinne hilft therapeutisches Laufen dabei, den eigenen Körper kennen zu lernen, seine Grenzen zu erfahren, aber auch zu erleben, wie man diese Stück für Stück verschieben kann. Diese Erfahrung verändert die subjektive Bewertung von Anforderungen, *„sie stärkt das Kontrollempfinden und den Glauben an die eigene Stärke"*[109], was wiederum zu einem besseren Umgang *„mit den Belastungen des Lebens – den alltäglichen und schicksalhaften"*[110] – führt.

Die **Verbesserung des seelischen Gleichgewichts** und die **Stärkung des Wohlgefühls** sind weitere gemeinsame Ziele von Lauftherapie und Seelsorge, ebenso wie **Stressabbau und Stresskontrolle** besonders in einer Zeit, in der beruflicher Leistungsdruck und Gefühle von Überforderung zunehmen.[111]

Ein Unterschied liegt allerdings in der **Methodik**. Seelsorge bedient sich primär dem Medium des Gesprächs, also der Kommunikation (verbal und/ oder nonverbal) des Seelsorgers und seines Gegenübers,[112] in manchen Situationen kann auch das Hinzuziehen von Ritualen hilfreich sein.[113] Auch ein Lauftherapeut kommuniziert, nimmt Körpersignale wahr, hört zu, öffnet sich, arrangiert Einzel- und Gruppengespräche[114], doch all das geschieht im Kontext von *Körper*therapie. Therapeutisches Laufen setzt beim Körper an und dadurch kommt noch eine ganz andere Form der „Kommunikation" hinzu,

---

[107] Dies schließt die Sorge um den Körper mit ein. S. auch unter 3.1.2. Weber bringt es auf den Punkt, wenn er sagt: „Wird der Körper vernachlässigt, wirkt sich das auch auf das Seelenleben aus". Weber, A. (2013), S.6.
[108] Vgl. auch Stoll, O./ Ziemainz, H. (2012), S.13.
[109] Ebd.
[110] Weber, A. (2013), S.24.
[111] Vgl. Weber, A. (2013), S.22 und Klessmann, M. (^{4}2012), S.15.
[112] Das Gebet als weitere Kommunikation mit einer dritten Größe sei hier einmal unberücksichtigt.
[113] Inwieweit auch das Laufen Ritual sein kann, wird noch im folgenden Abschnitt (4.2.) zu bedenken sein.
[114] Vgl. Weber, A. (2013), S.20.

nämlich die bewusste oder unbewusste „Kommunikation" des Teilnehmers mit seinem eigenen Körper, die durch die körperliche Bewegung intensiviert wird: Das In-sich-Hineinhorchen, das Wahrnehmen körperlicher Befindlichkeiten, das Gefühl von Aktivität und Vitalität, all das geht über eine (normale) seelsorgerliche Gesprächssituation hinaus.

Des Weiteren lässt sich sagen, dass das **Setting** in der Lauftherapie andere Handlungssituationen und –muster impliziert als etwa das Amtszimmer, das Krankenbett oder die Wohnung eines Gegenübers.[115] Auch die **Beratungsinhalte sind andere.** Beratung und Lebensdeutung in der Seelsorge geschieht wesentlich im Horizont christlichen Glaubens, oder wie es Klessmann ausdrückt: sie operiert mit *der „Grundunterscheidung von Transzendenz und Immanenz"*[116]. Dennoch geht es sowohl bei einem Seelsorger als auch bei einem Lauftherapeuten um das „richtige Gespür", das Einfühlen und Verstehen.[117]

Unter Berücksichtigung der genannten Aspekte ist Lauftherapie keine Seelsorge; sie kann allerdings (immanent) seelsorglich wirken und auf ihre Weise zu einer positiven Veränderung des Lebensstils beitragen. Bei Jugendlichen kann das therapeutische Laufen wegen seiner Verbindung von Bewegung, Denken, Fühlen und gemeinsamen Handeln darüber hinaus zu einer gesunden Persönlichkeitsentwicklung beitragen[118], was ebenfalls dem seelsorgerlichen Anliegen im Bereich der Jugendarbeit entspricht. Gerade weil seelsorgliches Handeln keinem expliziten Reglement unterliegt, sondern sich lediglich Gott verbunden und den Menschen zugewandt weiß, lässt sich Seelsorge auch mit therapeutischem Laufen im Kontext von Gemeindearbeit additiv verbinden. Das andere Setting der Lauftherapie ist dabei eine gute Gelegenheit, Menschen auch außerhalb der sonst üblichen Strukturen wahrzunehmen und zu begleiten.

---

[115] Vgl. Weber, A. (2013), S.32.
[116] Klessmann, M. (⁴2012), S.187.
[117] Ebd.
[118] Vgl. auch Page, O. (2013), S.196f.

Seelsorge und Lauftherapie werden so Bestandteile einer systemischen Therapie.[119] Seelsorge kann zur Lauftherapie hinführen, und Lauftherapie kann Menschen den Weg in die Seelsorge eröffnen und beides zielt auf Gesundheit im ganzheitlichen Sinn.

Inwieweit Lauftherapie und Seelsorge einander bereichern und unterstützen, hängt letztlich natürlich auch von der Ausbildung und Kompetenz des jeweiligen Lauftherapeuten ab. Auch seine Fähigkeit, die jeweilige Rolle klar abzugrenzen und dies entsprechend zu kommunizieren, wird dabei hilfreich und geboten sein.

4.2. Geistlich-spirituelle Dimension
„Zum Glauben anstiften, Lust auf spirituelles Leben machen"[120] so umschreiben Schneider und Lehnert eine weitere pastorale Aufgabe und Herausforderung, die mit der Lauftherapie in Beziehung gesetzt werden kann.

Auch wenn Kirchenmitgliederzahlen sinken, steigt doch paradoxerweise das spirituelle Interesse der Menschen weiter an.[121] Matthias Kroeger versucht dieses Phänomen als lebensgeschichtlichen Prozess zu beschreiben[122]: Irgendwann, vornehmlich in Krisenzeiten des Lebens, oder angesichts ungewöhnlicher Begebenheiten, fangen Menschen an, über sich selbst nachzudenken, über das Schöne und das Bedrohliche, über Liebe, Krankheit, Tod. Was ist in der Vielfalt dessen, was uns begegnet, wirklich wichtig? Wofür lohnt es, sein einziges Leben zu geben? Menschen, so Kroeger, haben eine diffuse Empfindung, *„dass es irgendetwas gibt, was ‚größer ist denn unser Herz' (1 Joh 3,20): Irrationalitäten, Mächte, die uns behüten und tragen"*[123], aber auch Kräfte, die uns bedrohen und schaden. Die unbestimmte Sehnsucht nach wahrem und versöhntem Leben jenseits alltäglicher Oberflächlichkeit bedient sich eklektisch verschiedener Quellen der Religionen und Weltanschauungen bis hin zu Elementen

---

[119] Vgl. Richter, A. (2013), S.78ff.
[120] Schneider, N./ Lehnert, V. A. (2009), S.106.
[121] Vgl. Tödter, R. (^{2}2014), S.36.
[122] Vgl. Kroeger, M. (^{3}2011), S.35-39.
[123] Kroeger, M. (^{3}2011), S.36.

aus dem esoterischen Bereich. So entsteht eine Vielfalt spiritueller Vorstellungen und Phänomene - oft auch kulturgeleitet und abhängig von Sozialisation und Bildungsstand.[124] Allen gemeinsam, so Bucher, ist **die Suche nach Einheit, nach Verbundenheit mit dem Leben als Ganzem, mit anderen Menschen, mit der Natur**, *„mit einem den Menschen übersteigenden, umgreifenden Letztgültigen, Geistigen, Heiligen..."*[125]

Vor dem Hintergrund allgemeiner spiritueller Phänomene ist nun das Profil **christliche Spiritualität** zu spezifizieren.

4.2.1. Christliche Spiritualität – Begriffsbestimmung

Der Begriff „Spiritualität" stammt ursprünglich aus dem christlichen Gesichtskreis, speziell aus der katholischen Ordenstheologie Frankreichs im 17. Jahrhundert.[126] „Spiritualité" bezeichnet dabei die **persönliche Beziehung des Menschen zu Gott**, sozusagen seine **Glaubenserfahrung**. Im deutschen Sprachgebrauch ist der Begriff erst nach dem Zweiten Weltkrieg üblich. Er bietet gegenüber dem bis dato im Protestantismus häufig verwendeten Ausdruck der „Frömmigkeit" den Vorteil, dass er im Bereich der gesamten Ökumene verständlich ist und vor allen Dingen, dass er das in der abendländischen Theologie lange unberücksichtigte Wirken des Geistes neu zu Bewusstsein bringt.[127]

Spiritualität als christliche Spiritualität leitet nämlich ihr Selbstverständnis vom Heiligen Geist (lateinisch: spiritus sanctus) ab und seiner Wirkkraft im Menschen, die den Glauben erfahrbar werden lässt, und dies als Gegengewicht zu einer einseitig betonten Intellektualisierung des Glaubens.[128]

Der Heilige Geist aber steht dennoch nicht für sich allein, sondern ist eine Person innerhalb der göttlichen Dreifaltigkeit. Folglich entfaltet

---

[124] Vgl. Tödter, R. (²2011), S.35.
[125] Bucher, A. A. (2007), S.56.
[126] Vgl. Zimmerling, P. (2010), S.15.
[127] Vgl. ebd.
[128] Vgl. Zimmerling, P. (2010), S.18.

sich christliche Spiritualität auch dreifach: Im Verhältnis zu mir selbst, im Verhältnis zum Nächsten und im Verhältnis zu Gott.[129] Oder wie es Reitz – eher praxisbetont – ausdrückt: *„Sie schaut **in sich**, **um sich** und **über sich**."*[130]

Um **in sich** schauen zu können, muss der moderne Mensch, der ständig in der Gefahr steht, sich in der Welt zu verlieren, *„erst einmal wieder in Fühlung mit sich selbst kommen"*[131]. Sein Erfahrungsweg beginnt deshalb nicht selten mit Übungen, die den Menschen auch in seiner Körperlichkeit beteiligen. Wer den Körper als Erfahrungsorgan ausblende, so Reitz, nehme den zweiten Glaubensartikel nicht ernst, dass Gott Mensch (Fleisch) geworden ist (Inkarnation).[132] Im Kontext spiritueller Angebote finden sich deshalb auch immer wieder Körperübungen. Der Körper ist dabei *„das Ehrlichste, was wir haben; ihn können wir nicht täuschen – und wir werden von ihm nicht getäuscht"*[133]. Alle Erfahrungen macht der Mensch in seinem Körper. Durch ihn wird er sich seiner selbst bewusster, seinen Möglichkeiten und Selbst-Verhinderungen. So kennzeichnet es christliche Spiritualität, dass der Körper auf dem spirituellen Übungsweg mitgenommen wird. Manchmal ist der Körper für den modernen Menschen, der so oft von Bildern überflutet und Informationen weggespült wird, sogar *„der letzte Rettungsanker, um sich als Geschöpf Gottes neu zu erfahren und zu verorten"*[134].

Das Ganze bliebe aber ein Kreisen um sich selbst, wenn christliche Spiritualität nicht auch **um sich** schaut. Die spirituellen Übungen sind deshalb eingebunden in die christlich-kirchliche Tradition evangelischer Prägung (die Bibel, das Gesangbuch, geistliche Literatur), auch

---

[129] Vgl. Zimmerling, P. (2010), S.40. Zimmerling bezieht sich dabei auf das sogenannte Doppelgebot der Liebe nach Matthäus 22,37-39: „Jesus aber sprach zu ihm: Du sollst lieben Gott, deinen HERRN, von ganzem Herzen, von ganzer Seele und von ganzem Gemüte. Dies ist das vornehmste und größte Gebot. Das andere aber ist ihm gleich: Du sollst deinen Nächsten lieben wie dich selbst."
[130] Reitz, P. (2010), S.17.
[131] Reitz, P. (2010), S.18.
[132] Vgl. ebd.
[133] Ebd.
[134] Ebd.

ein Gedankenaustausch kann dabei hilfreich sein. Denn christliche Spiritualität lässt sich inspirieren und auch korrigieren von der Erfahrung der Menschen, die vor mir den Weg des Glaubens gegangen sind oder jetzt mit mir in Gemeinschaft gehen.

Menschen, die sich auf solche spirituellen Übungen einlassen, wollen letztlich eine konkrete Erfahrung im Hier und Jetzt, die sich für einen größeren Sinnzusammenhang aufschließt und zu Gott hin öffnet: also ein Schauen **über sich**.
So zielt die Frage des modernen Menschen auf den Sinn des Lebens. Christliche Spiritualität hat daher die **Aufgabe, Menschen das *Wort Gottes* so *erfahren* *zu lassen, dass sie sich als Bild Gottes neu verstehen und ihre Umwelt als Schöpfung sehen*** "[135].

4.2.2. Christliche Spiritualität und Laufen
Nach der Darstellung der dreifachen Entfaltung und Aufgabe christlicher Spiritualität, stellt sich die Frage, ob auch das Laufen als *eine* Form der „Körperübung" die von Reitz beschriebene spirituelle Erfahrung ermöglicht.
Margot Käßmann, die ehemalige EKD-Ratsvorsitzende, weist in einem Interview gleich auf drei Möglichkeiten hin. So erklärt sie: Eine Erfahrung mit Gott zu machen, *„das ist möglich, indem Sie beim Laufen zum Beispiel **über einen Bibelvers oder eine biblische Geschichte nachdenken**".* Ebenso findet Käßmann diese Erfahrung, wenn sie während des Laufens das Gespräch mit Gott, das **Gebet** sucht. Und dann gibt es noch den Ansatz der Mystiker, *„die sagen: Ein **vorgegebener Rhythmus – die Schritte, das Atmen** – hilft uns, loszulassen, innerlich frei zu werden, von dem was uns belastet. Auch das kann ein spirituelles Erlebnis sein."*[136]
Die Theologin und Religionswissenschaftlerin Regina Tödter stellt in ihrem Buch eine Liste über Aspekte zusammen, die spirituelles Laufen von normalem Joggen unterscheiden. So sagt sie zum Beispiel:

---

[135] Reitz, P. (2010), S.19.
[136] Vgl. Hofmann, F. (2011), S.169.

„Natur wird als ‚Schöpfung', Atem als ‚Lebenshauch', Körper als ‚heiliger Tempel' und Gedanken als ‚Gebet' gesehen."[137] Auch Michael Bauer, Martin Schramm und Frank Hofmann, um einige weitere der christlichen Tradition verbundene Läufer zu nennen, beschreiben ebenfalls in ihren Büchern spirituelle Erfahrungen mit dem Laufen.[138] Und auch sie sprechen davon, dass sie während des Laufens über biblische Texte nachsinnen bzw. meditieren und das Gespräch mit Gott suchen. Die Monotonie des Laufens, der vorgegebene Rhythmus, der automatisierte „Schritt für Schritt"-Charakter – all das scheint dafür verantwortlich zu sein, dass *es* läuft; und dass auf einmal die äußere Bewegung zu einer inneren wird.

Warum hat das Laufen eine derartige Wirkung? Schneider, der in seiner Dissertation die Frage untersucht, ob Laufen Beten ist, findet hierfür in der modernen kognitiven Neurophysiologie mit ihrer Transienten Hypofrontalitätshypothese eine Erklärung.

Exkurs: Die Transiente Hypofrontalitätshypothese und ihre Bedeutung für das spirituelle Laufen

Die Transiente Hypofrontalitätshypothese (THH) geht von neuro-physiologischen Prozessen aus, die in präfrontalen Kortexarealen messbar sind. Der präfrontale Kortex bildet die *„Koordinationsstelle von Emotion und Kognition, Bewusstsein, Arbeitsgedächtnis, sensorischer Information und handelnder Tätigkeit"*[139]. Seine Aktivität wird erhöht, wenn eine Wissensaneignung, -abspeicherung und –abrufung aus dem Bereich des expliziten Systems ansteht. Das explizite (bewusste) System basiert auf Regeln, explizites Wissen kann verbal kommuniziert werden, es ist im kognitiven Bewusstsein angelegt. Hier geht es beispielsweise um strategisches oder lösungsorientiertes Denken, um kognitive Prozesse, die im Alltag unsere volle Aufmerksamkeit auf sich ziehen. Im Gegensatz dazu besteht das implizite Wissen aus Erfahrungswissen; es läuft größtenteils im Unterbewusstsein ab. So erfolgen etwa viele motorisch gebundene Tätigkeiten wie Gehen oder Fahrradfahren implizit. Implizites Wissen und Handeln baut primär auf (archaisch) antrainierten Reflexen und Verhaltensweisen auf, die in ihrer Einfachheit, das Überleben sichern und schnell abzurufen sind. In diesen Bereich gehört z.B.

---

[137] Tödter, R. (²2014), S.
[138] Bauer, M. (2011), Schramm, M. (2006), Hofmann, F. (2011).
[139] Schneider, S. (2013), S.27.

die erlernte Muttersprache. Während die Kapazität des „Arbeitsspeichers" bei expliziten Tätigkeiten limitiert ist, scheint einmal Erlerntes und dem impliziten Gedächtnis Überführtes in seiner Kapazität nicht limitiert. Doppeltätigkeiten sind dadurch möglich. So können wir beispielsweise (implizit) Autofahren und gleichzeitig (explizit) über Probleme nachdenken.

Für Schneider fällt spirituelles Erleben, was ja nicht rational erklärbar ist, ähnlich wie die sogenannte Flow-Erfahrung, in das implizite System[140], dessen Aktivierung durch eine Inhibition (Unterdrückung) des expliziten Systems begünstigt wird. Dies geschieht z.B. durch sportliche Aktivität. Um einen Sportler mit seinen Muskeln in Bewegung zu bringen, kommt es zu einer starken Aktivierung dafür verantwortlicher Hirnareale, da aber der metabolische Haushalt im Gehirn nur über begrenzte Ressourcen verfügt, wird die Aktivität in anderen Hirnarealen, die für die körperliche Belastung nicht zwingend notwendig sind, reduziert. So kann sportliche Aktivität ein Herunterregulieren der präfrontalen Hirnregionen herbeiführen und damit einhergehend werden bewusste (explizite), kognitive Prozesse, wie zum Beispiel das Grübeln vermindert, es kommt zu einem Verlust von Raum- und Zeitwahrnehmung und dem Gefühl einer dahinfließenden Aktivität ohne bewusste Anstrengung"[141], meditative, spirituelle Bewusstseinszustände und Flow-Erfahrungen werden möglich. Oder wie es Schneider etwas mythologisch formuliert: *„Das ist die vollständige Integrität der Leib-Seele-Einheit, wo der Mensch...der von Gott nach seinem Abbild geschaffene Mensch ist, der Mensch in der Unversehrtheit, im Gleichgewicht seiner Leib-Seele-Einheit."*[142] So gesehen kann das Laufen dazu beitragen, die ganzheitliche Erfahrung des Menschseins in einer von Bewegungsarmut geprägten Zeit wiederherzustellen.

Durch die Non-Rationalität des Laufens, die aus der genannten Deaktivierung präfrontaler Kortexareale erwächst, kommt es schließlich sogar auf einmal *„zur Vernetzung bislang ungenutzter oder voneinander unabhängiger Neuronenpopulationen, Gedächtnisinhalte und Gedankenkonstrukte"*[143].

Wir halten fest: Beim Laufen entsteht - neurophysiologisch gesehen - eine „kognitive innere Leere", die der Läufer etwa als ein Gefühl von Leichtigkeit oder Freiheit erlebt. Diese Leere ermöglicht es gleichzeitig, dass sich dem Läufer andere, u.U. auch ganz neue Erfahrungszusammenhänge eröffnen. Unter dem Aspekt christlicher Spiritualität könnte dies zum Beispiel ein In-sich-Spüren und Nachdenken über

---

[140] Vgl. Schneider, S. (2013), S.146.
[141] Stoll, O./ Ziemainz, H. (2012), S.28.
[142] Schneider, S. (2013), S.146.
[143] Schneider, S. (2013), S.158.

sich selbst sein („in sich schauen") ebenso ein Nachsinnen über biblische Texte und Gedanken („um sich schauen") als auch das Gespräch und die Verbindung mit Gott („über sich schauen"). Insofern wirkt Laufen, wie es ja die Erfahrungen vieler bestätigen, spirituell.

4.2.3. Christliche Spiritualität und Lauftherapie

Wurde in früheren Jahren Glaube oft als krankmachend angesehen, hat sich mittlerweile in der Psychologie ein deutlicher Wandel vollzogen. Viele wissenschaftliche Studien belegen, dass Glaube und Spiritualität nicht zu unterschätzende gesundheitsfördernde Faktoren darstellen und zwar sowohl im physischen als auch im psychischen Bereich.[144] Menschen, die glauben, haben im Allgemeinen einen höheren „Kohärenzsinn", d.h. sie *„empfinden ihr Leben als sinnvoll, verstehbar und handhabbar"*[145]. Darüber hinaus, so Bucher, beeinflusst Spiritualität *„zahlreichen Studien zufolge die physische Gesundheit mittels eines gesunden Lebensstils, der häufig mit ihr einhergeht"*[146]. Auch die positiven Verhaltensweisen, die durch Spiritualität gefördert werden, wie etwa das Vergeben und Verzeihen, die Dankbarkeit und das Hinnehmen und Lassen-können wirken heilsam.[147] Esch weist daraufhin, dass auch viele moderne Stressmanagement-Strategien, die auf dem Konzept der Salutogenese basieren, **Spiritualität und Glaube als individuelle Ressourcen und Potenziale** einbeziehen.[148]

---

[144] Eine ausführliche Darstellung wissenschaftlich erwiesener positiver Effekte von Spiritualität findet sich bei: Bucher, A. A. (2007), S.100-145. So sind z.B. positive Effekte auf das Immunsystem, bei kardiovaskulären Erkrankungen und bei Krebs nachgewiesen. Im psychischen Bereich spielt Spiritualität eine positive Rolle für die Lebenszufriedenheit bei Depressivität und dem Schutz vor Suizid.
[145] Esch, T. (2011), S.29.
[146] Bucher, A. A. (2007), S.105.
[147] Vgl. Bucher, A. A. (2007), S.124-126. Auch Hoffnung und Freude werden in diesem Zusammenhang benannt.
[148] Vgl. Esch, T. (2011), S.29.

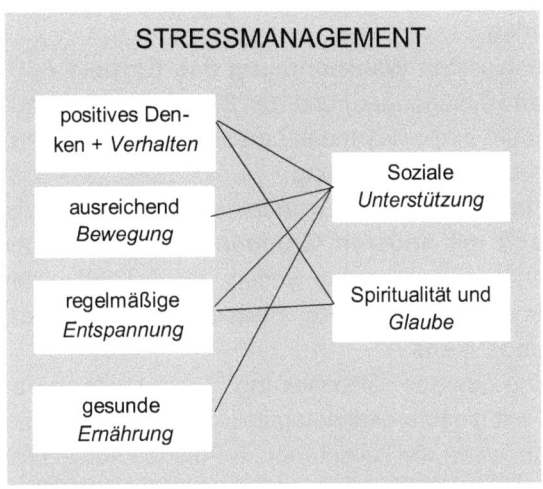

Abbildung 2: Schematische Darstellung der verschiedenen Säulen des Stressmanagements und ihrer Beziehungen zueinander. (Abb. nach Esch, S.28)

Folglich kann in der Kombination von Lauftherapie und christlicher Spiritualität im Sinne einer systemischen Therapie mit der geistlichen Dimension ein **weiterer gesundheitsfördernder Faktor** zum therapeutischen Laufen hinzukommen. Und da das Laufen ja selbst – wie oben gezeigt – spirituelle Erfahrungen in sich birgt, kann es seinerseits - unter entsprechender Anleitung - zum Ausgangspunkt eben solcher werden.

Darüber hinaus können die mit dem Laufen verbundenen **Naturerfahrungen** helfen, zur Ruhe zu kommen und das menschliche Maß wieder zu finden. Gleichzeitig bieten sie die Chance, Gottes Schöpferkraft in der Natur wahrzunehmen. Die sichtbare Welt kann durchsichtig für das Heilige werden. Schließlich kann die **Erfahrung von Gemeinschaft** in der Lauftherapie auch für die Bedeutung einer christlichen Gemeinschaft Transparenz zeigen.

Glaube und Spiritualität kann man natürlich nicht einfach „machen", aber man kann **von eigenen Erfahrungen erzählen und einübende Wege eröffnen**. Und da Glaube nicht nur rein kognitiv zu vermitteln ist, kann im Rahmen von Lauftherapie eine konkrete erfahrbare Situation bereitgestellt werden.

Dies beginnt mit der bewussten **Wahrnehmung des Körpers** (z.B. durch spezielle Achtsamkeitsübungen) und der **Einübung des Laufens selbst**, insbesondere eines gesunden Laufstils (Körperhaltung, Fußaufsatz) und einer „bewussten" Atmung.

Geistlich-meditative Impulse auf der Grundlage christlicher Tradition und der **Austausch mit anderen Gruppenteilnehmern** über entsprechende „Wegerfahrungen" stellen weitere Möglichkeiten der Einübung dar; ebenso wie **angeleitete Phasen gemeinsamen Schweigens und Nachdenkens**.[149]

Da aber dazu auch eine gewisse Ritualisierung[150] des Laufens Voraussetzung ist, sollte mit diesen meditativ-geistlichen Übungen erst dann begonnen werden, wenn die Teilnehmer, in Punkto Laufstil und –rhythmus sicherer geworden sind.

4.3. Kybernetische Dimension (Gemeindeentwicklung)

Christian Möller, Professor für Praktische Theologie in Heidelberg, beschreibt in seinem Buch „Wenn der Herr nicht das Haus baut...", auf sehr persönliche Weise, was für ihn Gemeinde bedeutet: *„Das macht für mich eine Gemeinde einladend und anziehend, wenn ich spüre: Hier werde ich selbst erwartet. Hier kann ich meine Freude teilen. Hier werde ich auch mit meinen persönlichen Sorgen und Problemen ernst genommen. Hier darf ich zur Ruhe kommen, weil hier die Wahrheit gilt und gefeiert wird, dass Gott mich um meiner selbst willen ansieht und mich mit seinen Gaben beschenkt und darin meine alltäglichen Leistungszusammenhänge zu meinen Gunsten*

---

[149] Derartige geistliche Impulse werden von mir als Pfarrerin in einem gewissen Maße auch erwartet. Denn auch als Lauftherapeutin „schwingt das Amt mit". Positiverweise aber auch ein sehr großer Vertrauensvorschuss.

[150] Ich verwende hier bewusst den Begriff des Rituals statt des sonst üblichen Begriffs der „Automatisierung" und folge dabei den Ausführungen Schneiders. Er weist daraufhin, das zwar automatisierte wie auch ritualisierte Tätigkeiten keine explizite Aufmerksamkeit fordern, aber die Automation mit keiner individuellen Bedeutung belegt ist. D.h.: „Automatisierte Prozess erleichtern unser Leben, ein Ritual erfüllt unser Leben". Schneider (2013), S.29.

unterbricht. Hier komme ich aber auch mit meinen Fähigkeiten zum Zuge; freilich so, dass daraus Gaben für andere werden."[151]
Es ist in unserer heutigen Gesellschaft nicht mehr selbstverständlich, Menschen für den Glauben und die Gemeinde einladen zu können. Die Relevanzkrise der Kirche macht sich deutlich bemerkbar. Auch wenn hier nun nicht der Raum ist, diese ausführlich zu analysieren oder gar nach Lösungswegen zu suchen, möchte ich dennoch zwei Aspekte im Zusammenhang mit unserem Thema zur Sprache bringen.

„Man muss den Leuten aufs Maul schauen!" Vor 500 Jahren löste Martin Luther mit diesem Satz, der sich eigentlich auf seine Bibelübersetzung bezog, eine regelrechte Revolution aus. Ironischerweise mühten sich seine Nachfolger bis in die heutige Zeit hinein mehr darum, die Sprache Luthers zu sprechen als die Sprache des Volkes, um die es Luther eigentlich ging. Kirchliche Insiderthemen beschäftigen Kirche oft mehr als die **Themen der Menschen von heute**.[152] M.E. sollte eine Gemeinde versuchen, gerade auch diese aufzuspüren und Anknüpfungspunkte herzustellen. So sind z.B. die Themen **„Gesundheit und Fitness"** sicherlich gegenwartsrelevant.[153]

Eine weitere Ursache für die Relevanzkrise der Kirche ist in der zunehmenden Individualisierung und dem allgemeinen Pluralismus in unserer Gesellschaft zu sehen. Wir leben in einer Zeit, in der nichts mehr selbstverständlich ist. In einer solchen Zeit vielfältiger Lebensentwürfe ist es ungleich schwieriger als früher etwas zu finden, was jedermann unbedingt angeht. Das heißt: *„Es gibt kaum ein Thema, was jeden interessiert, kaum eine Form, die jeden anspricht, und kaum eine Antwort, die alle zufrieden stellt."* [154] Das stellt Kirche sicherlich vor Herausforderungen. Aber vielleicht sollte Kirche eher ihr Augenmerk auf die dahinter liegende Problematik richten. Denn bei der Komplexität und Unübersichtlichkeit des Lebens geraten zunehmend mehr Menschen ins Schwimmen. Was bzw. wer gibt Halt? Die

---

[151] Möller, C. (³1993), S.119.
[152] Vgl. Douglass, K. (2001), S.19f.
[153] Allein die Fülle an Zeitschriften, die sich diesen Themen widmen, macht das deutlich.
[154] Douglass, K. (2001), S.20.

Sehnsucht des Menschen nach gelingender und gelebter Gemeinschaft bleibt. Hier ist Kirche weiterhin gefragt; nicht weil *sie* die Lösung ist, sondern weil sie auf *den Einen* verweisen kann, der *„mich um meiner selbst willen ansieht"*[155].
Beide Aspekte führen mich dazu, als Pfarrerin auch einmal neue Wege zu gehen, und so Lauftherapie und Gemeindearbeit ganz praktisch miteinander zu verbinden. Das oben von Möller skizzierte sehr persönliche Bild von einladender und anziehender Gemeinde kann dabei durchaus wegweisend sein.
Auch die Lauftherapie ihrerseits hält gute Gründe für eine derartige Kombination bereit. Die Lauftherapie nimmt den modernen Menschen in seiner Lebenswelt ernst, in dem sie ihm ein Gegengewicht zu seiner sonst so technisierten und „bequemen" Alltagswirklichkeit anbietet. Sie reagiert nicht nur auf die sogenannten Zivilisationskrankheiten, sondern schafft gleichzeitig einen **„Schutzraum"**, in dem Menschen ohne Leistungs- und Erfolgsdruck etwas für sich und im Miteinander einer Gruppe tun können. Diesen „Schutzraum" möchte ich auch den Menschen meiner Gemeinden zur Verfügung stellen, denn auch sie leben in dieser Zeit und in dieser Welt. Wobei ich unter Gemeinde im Blick auf die Kybernetik nicht nur die sog. „Kerngemeinde" verstehe, sondern die Zivil-Gemeinde vor Ort. Durch die Einladung zu einer „geistlich-meditativen" Lauftherapie werden u.U. auch Menschen angesprochen, die sich sonst nicht zur engeren Gemeinde halten.
Doch auch Mitarbeitenden, die sich neben Familie und Beruf zusätzlich für die Gemeinde engagieren, kann das Laufen respektive die Lauftherapie möglicherweise zu einer neuen Kraft- und Inspirationsquelle werden, und das hat dann auch wiederum Auswirkungen auf das Engagement in der Gemeinde.

Lauftherapie geschieht in einer **Gruppe von einer Größe von 6 bis 15 Personen**[156], sie erfüllt damit auch ein kybernetisches Prinzip:

---

[155] S. auch Anm. 149.
[156] Vgl. Weber, A. (2013), S.27.

„Eine Gemeinde kann nur größer werden, wenn sie gleichzeitig kleiner wird"[157], d.h. wenn sie das Knüpfen sozialer Beziehungen ermöglicht. Eine Klein-Gruppe ist persönlich, stärkt das Wir-Gefühl, belebt die Interaktion und ist auch für einen längerfristigen Zusammenhalt – auch nach der Lauftherapie und der Frage, wie es danach (mit dem Laufen und darüber hinaus) weitergeht - wesentlich.

---

[157] Douglass, K. (2001), S.176.

5. Lauftherapie in der Gemeinde – Projektbeschreibung

5.1. Das Motto des Projektes

Das Projekt steht unter dem Motto: „Gemeinde *laufend* in Bewegung." Dieses Motto impliziert bereits mehrere Zielvorstellungen: *Erstens*: Zielgruppe des Projektes ist die **Gemeinde**, im konkreten Fall Personen im Umfeld der beiden Kirchengemeinden Dorlar und Atzbach. *Zweitens*: Inhalt des Projektes ist das gemein(de)same **therapeutische Laufen**, welches - und damit wären wir bei *drittens* - auf **heilsame Veränderungen** beim einzelnen zielt[158] und zwar in einem ganzheitlichen Sinn, indem äußere und innere Bewegung korrespondieren (seelsorgerliche Dimension). Im Kontext von christlicher Gemeinde sollen *viertens* auch solche **Weg-Erfahrungen** möglich sein, die über den Menschen selbst hinausweisen (spirituelle Dimension). Lädt eine Gemeinde zur Lauftherapie ein, dann wird diese damit selbst ein Stück Gemeindearbeit, deshalb sollen *fünftens* nicht nur die Teilnehmer „bewegt werden", sondern auch die **Gemeinde** selbst; sie zeigt ihre Bewegtheit bereits darin, dass sie sich für ein derart neues Angebot öffnet (kybernetische Dimension). Dies setzt schließlich *sechstens* auch eine **„pastorale Beweglichkeit"** voraus.

5.2. Kontext, Zielgruppe und Kommunikationsmittel

Dorlar und Atzbach sind zwei kleine Orte mit ca. 4900 Einwohnern in Mittelhessen - zwischen Gießen und Wetzlar direkt an der Lahn gelegen. Sie sind eingebettet in das Naturschutzgebiet der Lahnaue und umgeben von zahlreichen Wäldern. Politisch zählen die Ortschaften zu Hessen, kirchlich allerdings – aufgrund ihrer „preußischen Vergangenheit" - zur Evangelischen Kirche im Rheinland. Mehr als die Hälfte der Einwohner sind evangelisch, mit der katholischen Kirchengemeinde besteht eine gute ökumenische Zusammenarbeit.

---

[158] Der Begriff „heilsame Veränderungen" bezieht sich auf „zeitlich begrenzte Störungen, Disharmonien, Imbalancen". Heilende Kräfte sollen durch die Lauftherapie mobilisiert und gefördert werden. Siehe Weber, A. (1999), S.26.

Für die Einladung zu diesem Projekt lässt sich auf die vorhandenen und bewährten Kommunikationswege zurückgreifen: So erschien ein Artikel im Gemeindebrief mit dem Titel „Gemeinde *laufend* in Bewegung", der unabhängig von der Konfession in jeden Haushalt verteilt wird; eine Einladung erfolgte auf der kirchlichen Homepage (www.gemeinde-lebt.de). Des Weiteren wurde in den sogenannten Abkündigungen der Gottesdienste darauf aufmerksam gemacht, und natürlich habe ich auch in vielen Gesprächen persönlich die Lauftherapie vorgestellt und dafür geworben.

5.3. Rahmenbedingungen
5.3.1. Finanzen
Grundsätzlich sind Angebote im Rahmen der Gemeindearbeit ohne Gebühren nutzbar. Es sei denn, dass für Verpflegung, Unterkunft, Fahrkosten und dergleichen ein Kostenbeitrag erhoben wird. Dies hat den Vorteil, dass jeder/ jede die Möglichkeit hat, an gemeindlichen Aktionen und Projekten ohne finanzielle Bedenken teilzunehmen. Es erhöht aber auch im Fall der Lauftherapie das Risiko, dass sich manche anmelden werden, die eine kostengünstige Alternative zum Sportverein suchen. Ebenso ist es möglich, dass Motivation und Zuverlässigkeit im Laufe des Kurses leichter nachlassen können. Denn wenn ich nichts bezahlt habe, „kostet" es auch nichts, wenn ich einmal fehle. Diese Problematik sollte in den vorbereitenden Gesprächen angesprochen werden. Die Teilnehmer werden zudem darauf hingewiesen, dass die Möglichkeit einer **Spende bei unserem Unterstützungsverein** besteht; so kann sich jeder/ jede nach eigenem Ermessen erkenntlich zeigen.

5.3.2. Festlegung der Altersgruppe
Da sich Gemeindearbeit an alle Generationen richtet, musste im Vorfeld überlegt werden, ob und inwieweit eine altersübergreifende Lauftherapie-Gruppe sinnvoll ist? Sollte für die Kinder eine separate Lauftherapie angeboten werden, kindgerechter und dadurch vielleicht spannender gestaltet? Wie ist es, wenn mehrere Personen aus einer

Familie sich anmelden? Vielleicht sollten z.B. Mütter auch einmal etwas für sich tun, und nicht gleich wieder auf ihre Kinder achten müssen oder sich gar vor ihnen bloß stellen, falls es am Anfang mit dem Laufen noch nicht so gut gelingen sollte?!

Allerdings haben wir in unseren beiden Gemeinden explizit das Leitbild, als „familia dei" (Familie Gottes) unterwegs zu sein; wir versuchen gezielt altersübergreifend zu agieren, ob in Gottesdiensten oder bei anderen Veranstaltungen. Das hat meine Entscheidung bestärkt, eine **altersübergreifende Lauftherapie** anzubieten, was natürlich auf das gesamte Konzept Auswirkungen hat. Denn bei Kindern und Jugendlichen, so Schüler, heißt die Forderung, *„kinder- und jugendlichengerechte Anwendungsformen"*[159] zu finden. Laufen darf keine bittere Medizin sein, sondern muss Spaß machen. D.h.: *„Der Erlebnishintergrund der Lauftherapie muss dem Anspruch nach ein anderer sein"*[160], was für die Vielfalt möglicher Organisations- und Übungsformen spricht. Aber könnte nicht auch eine solche Übungsvielfalt für Erwachsene ansprechend sein?

Und im Hinblick auf die spirituellen Erfahrungen gesehen: Weisen nicht gerade Jesu Worte zu den Kindern ausdrücklich darauf hin, dass Erwachsene von ihnen lernen können und sie in Glaubensdingen manchmal sogar „weiter", vertrauender sind als die Erwachsenen.[161] Vielleicht sind gerade Kinder und Jugendliche für geistliche und spirituelle Elemente, die ja im und beim Laufen entdeckt werden sollen, offener; ihre Lebendigkeit könnte dabei sogar ansteckend sein.

Auf jeden Fall sollte mit den Kindern und Eltern im Vorfeld über die Problematik gesprochen werden, und auch während der Lauftherapie gilt es insbesondere auf die Äußerungen von den Kinder und Jugendlichen zu achten und sie entsprechend im weiteren Verlauf zu berücksichtigen. Konkret habe ich versucht, in den Eingangsteil unserer Treffen eine Vielfalt von Übungsformen[162] zu integrieren, und auch

---

[159] Schüler, W. W. (2014), S.240.
[160] Ebd., S.241.
[161] Vgl. Markus 10,13-16.
[162] Viele Anregungen Wolfgang Schülers wurden aufgegriffen. Schüler, W. W. (2014).

den meditativen Impulsen liegt in den meisten Fällen ein erfahrungs- bzw. erlebnisorientierter Ansatz zugrunde.

5.3.3. Begrenzung der Teilnehmerzahl?

Nun ist es sicherlich bereits eine Herausforderung und Innovation genug, als Pfarrerin eine Lauftherapie in den eigenen Ortsgemeinden anzubieten. Meine Presbyterien (Kirchenvorstände) unterstützen glücklicherweise dieses Anliegen – teilweise auch mit eigener Beteiligung.

Diese Unterstützung - etwa durch das Pfarrbüro bzw. durch eine gute zeitliche Planung der gemeindlichen Termine - ist wichtig, denn es haben sich insgesamt **35 Personen** zur Lauftherapie einladen lassen. Zuerst wollte ich einige Interessenten auf das zweite Halbjahr vertrösten, aber einen „persönlichen Aufbruch" gleich schon am Anfang auszubremsen, schien mir dann doch wiederum sehr demotivierend. Da ich nach den Konfirmationen (Anfang Mai) bis zu den Sommerferien keine neuen Konfirmandenkurse zu betreuen habe, lässt sich diese Zeit gut für die Lauftherapie-Kurse einsetzen. Nicht nur bei diesem Projekt, sondern generell ist der **Zeitraum von Ostern bis zu den Sommerferien** im Zeitplan der Gemeinde auch für eventuell spätere Lauftherapie-Kurse sinnvoll.

Beim Informationsabend habe ich aufgrund des erfreulich großen Zuspruchs nicht nur eine strukturierte Einführung in die Lauftherapie gegeben[163] und die Interessenten mit Fragen zu Wort kommen lassen[164], sondern bereits mit den Anwesenden über eine sinnvolle Aufteilung in **insgesamt drei Gruppen** nachgedacht.

5.4. Die Teilnehmer und Teilnehmerinnen
5.4.1. Altersstruktur
Die zur Lauftherapie angemeldeten 35 Teilnehmer (w = 28, m = 7) sind im Alter von 10 bis 71 Jahren, darunter 3 Kinder (10-12 Jahre)

---

[163] Mit einer Power-Point-Präsentation.
[164] Darunter wurde auch - wie zu erwarten – der Laufschuhkauf thematisiert; hier gab es Empfehlungen meinerseits, die ich aber im Rahmen des Projektes auch noch einmal wiederholend vertiefen wollte, zumal noch nicht alle Teilnehmer beim Informationsabend anwesend waren.

und 4 Jugendliche (13-17 Jahre). Die entsprechende altersmäßige Verteilung kann der folgenden Abbildung entnommen werden.

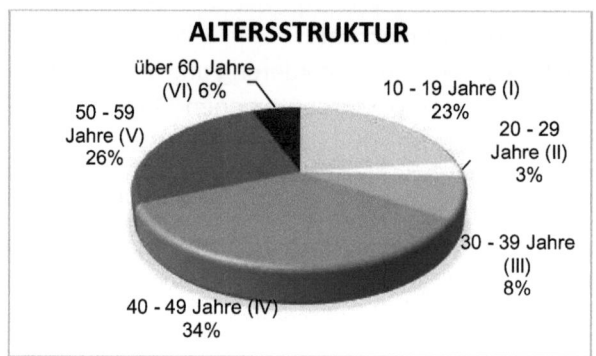

Abbildung 3: Altersstruktur der Teilnehmer/innen in % (eigene Darstellung)

Der Altersdurchschnitt beträgt zu Beginn der Lauftherapie 40,8 Jahre.

5.4.2. Bisherige Verbindung zu den Kirchengemeinden

Etwas mehr als die Hälfte der Teilnehmer (18) stehen nach Angabe im Eingangsgespräch eher in einer „lockeren" bzw. gar keiner bisherigen Beziehung zu den beiden Kirchengemeinden, wie es die nächste Abbildung verdeutlicht.

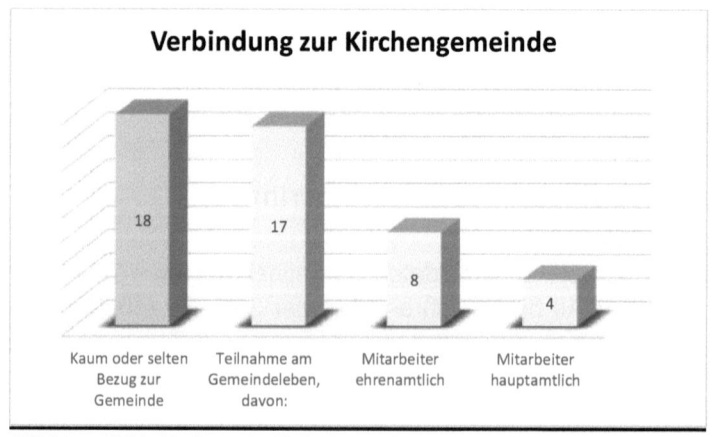

Abbildung 4: Verbindung der Teilnehmer/innen zu den Kirchengemeinden (eigene Darstellung)

5.4.3. Beschreibung der einzelnen Teilnehmer und Teilnehmerinnen[165]

Name und Alter	Beschreibung
Antje (IV)	leidet an Gelenkbeschwerden, möchte durch das Laufen Gewicht verlieren und mehr Kraft und Ausdauer erlangen; außerdem hofft sie, Angst hinter sich lassen zu können und neue positive Gedanken zu erlangen
Gunter (V)	leidet unter Bluthochdruck und Diabetes, er hofft, dass sich seine Beschwerden verbessern, er wünscht sich, dass das Laufen auch nach der LT zu einem festen Bestandteil seines Lebens werden kann
Till (I)	wünscht sich Spaß am Laufen zu bekommen, später auch gerne an ausgedehnten Läufen, außerdem will er mal abschalten von der sonstigen Außenwelt
Erika (IV)	hat Probleme mit der Schilddrüse, wünscht sich hauptsächlich mehr die Ruhe in sich selbst wieder zu finden und Durchhaltevermögen zu erlangen
Heinz (IV)	leidet unter Bluthochdruck und Gelenkbeschwerden, möchte sich bewusst mal für sich selbst Zeit nehmen und den Einstieg ins regelmäßig Laufen schaffen
Elke (IV)	freut sich auf die Begegnung mit anderen, möchte ihre Kondition aufbauen und neu den Blick für Gott und seine Schöpfung schärfen
Hanne (VI)	hat leichte Schmerzen im rechten Kniegelenk und leichte Depressionen, leidet etwas unter Antriebslosigkeit und wünscht sich mehr Bewegung an der frischen Luft und ein gemeinschaftliches Lauferlebnis
Yvonne (I)	wünscht sich mehr Bewegung an der frischen Luft, vom Alltagsstress besser abschalten zu können und mehr Konzentrationsfähigkeit für die Schule zu bekommen
Iris, (IV)	leidet an leichten Depressionen, hatte einen Bandscheibenvorfall, sie wünscht sich im Einklang mit Körper und Geist zu leben
Carmen (III)	leidet an Bluthochdruck und Gelenkbeschwerden, nimmt dagegen Medikamente, sie wünscht sich Stress und Gewicht abzubauen
Sarah (I)	wünscht sich Gewicht zu verlieren, ihre Kondition zu verbessern und Spaß am Laufen zu finden
Jessica (I)	leidet an Bronchialasthma, wünscht sich ein neuer (besserer) Mensch zu werden, d.h. sie will wieder an sich selbst glauben lernen und sich wohlfühlen
Silvia (IV)	sie leidet an Fibromyalgie und Gelenkbeschwerden, sie wünscht sich mehr Ruhe und Ausgeglichenheit zu erlangen, die eigene Mitte zu finden

Tabelle 1: Beschreibung der Teilnehmer/innen von Gruppe 1 (eigene Darstellung)

---

[165] Die Beschreibung der TN ist dem *Anmeldeformular* entnommen (s. Anhang, S.135) und geschieht der Übersicht halber tabellarisch. Die römischen Zahlen unter den einzelnen Namen geben die jeweilige Altersgruppe wieder, sie richtet sich nach der Einteilung von Abbildung 3, S.52.

Name und Alter	Beschreibung
Katharina (V)	möchte mit der richtigen Technik schmerzfrei und mit positiver Wirkung auf das gesamte Wohlbefinden laufen, auch danach will sie dranbleiben
Elvira (V)	leidet unter Arthritis in Schüben und minimaler Arthrose im Fuß, will sich mit der LT etwas Gutes tun, im Einklang mit der Natur sein und freut sich auf neue Begegnungen
Steffi (V)	leidet unter Bluthochdruck und nimmt Mittel dagegen, ist Allergikerin, die LT soll ihr beim Stressabbau helfen
Anja (III)	leidet unter Depressionen, ebenso unter Verspannungen und Rückenschmerzen, sucht in der LT einen Ausgleich zum Alltag und eine Stärkung für die Psyche, außerdem wünscht sie sich Gewicht zu verlieren
Karla (II)	wünscht sich körperlichen, geistigen und geistlichen Ausgleich zum Alltag
Sylvia (IV)	leidet unter Asthma, Allergien und Neurodermitis, sie wünscht sich einen körperlichen und mentalen Ausgleich und freut sich, wenn Körper und Geist „Nahrung" erhalten
Daniela (V)	leidet unter starken Rückenproblemen, nimmt Schilddrüsenhormone; sie wünscht sich vor allem, dass LT beim Stressabbau hilft und ihre Verspannungen weniger werden
Tamara (I)	wünscht sich, dass sie Spaß am Laufen entdeckt
Tini, (I)	wünscht sich, Spaß beim Laufen zu haben
Hannedore (III)	freut sich auf das gemeinsame Laufen, hofft hier zur Ruhe zu kommen und für sie hat es sich schon gelohnt, wenn sie es schafft, immer zu kommen
Luisa (I)	leidet unter Allergien
Franziska (IV)	wünscht sich langsam und entspannt zu laufen und hofft auf neue Impulse in Richtung Spiritualität und Laufen in der Natur
Hagen (IV)	leidet an Gelenkbeschwerden, er möchte sich etwas Gutes für die Seele tun, möchte einen gesunden Laufstil erlernen und geistliche Impulse erhalten
Melanie (V)	leidet manchmal an Bluthochdruck, sie möchte besser abschalten können und sich auf sich selbst konzentrieren, sie sucht neue geistliche Impulse und Herausforderungen

Tabelle 2: Beschreibung der Teilnehmer/innen Gruppe 2 (eigene Darstellung)

Wie zu sehen ist, haben sich die Jugendlichen und Kinder Gruppe 1 und Gruppe 2 zugeordnet. Bis auf Yvonne und Sarah (Gruppe 1) sind sonst auch Vater oder Mutter Teilnehmer der jeweiligen Laufgruppe.

Name und Alter	Beschreibung
Alexander (V)	möchte sich neu ans „langsame" Laufen herantasten nach Knie-OP
Gertraude (IV)	hat gerade eine Krebs-OP hinter sich, sie wünscht sich, dass ihr Stoffwechsel durchs Laufen besser angekurbelt wird
Gisela (IV)	möchte nach 4 Jahren den Einstieg ins Laufen wieder schaffen und motiviert werden, auch danach weiter zu laufen
Jana (V)	leidet unter Depressionen, außerdem ist ihre Mutter gerade verstorben, sie wünscht sich durch die LT Unterstützung in der Trauerarbeit und hofft auf mehr Lebensfreude, zudem leidet sie an Gelenkbeschwerden und hat vor 7 Jahre eine Krebs-Operation hinter sich
Harald (VI)	leidet an Bluthochdruck und Kreislaufbeschwerden, nimmt Medikamente gegen Bluthochdruck und Blutverdünner ein, freut sich auf meditative Übungen beim Laufen und das Erlebnis in der Gruppe
Renate (IV)	Asthmatikerin und Allergikerin, wünscht sich, fitter zu werden und Gemeinschaft zu haben
Maximilian (IV)	nimmt Blutverdünner, wünscht sich Verbesserung seiner Fitness
Jasmin (V)	leidet an Gelenkbeschwerden und starke Beschwerden an der HWS, mit denen sie aber in Behandlung ist, wünscht sich einen Ausgleich zum sonstigen Alltag und schmerzfrei laufen zu können

Tabelle 3: Beschreibung der Teilnehmer/innen Gruppe 3 (eigene Darstellung)

5.4.4. Gesundheitliche Probleme vor der Lauftherapie

Aus den Anmeldebögen gehen prozentual die in Abb.5 dargestellten gesundheitlichen Probleme der Teilnehmer/innen hervor. Einige dieser Krankheitsbilder stellen Besonderheiten dar, die im Rahmen der Lauftherapie zu berücksichtigen sind. So führt zum Beispiel die Einnahme von Beta-Blockern

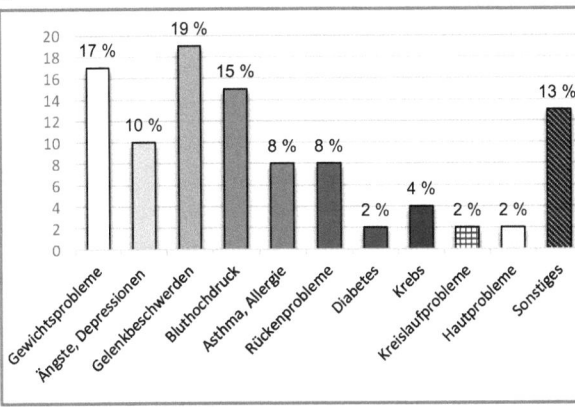

Abbildung 5: Gesundheitliche Probleme vor der Lauftherapie (eigene Darstellung)

gegen Bluthochdruck zu einer Verminderung der Herzfrequenz, dies muss bei der Messung einkalkuliert werden.[166] Diabetes kann eine Unterzuckerung hervorrufen, so gehört z.B. Traubenzucker zum Equipment des Lauftherapeuten. Das Mitführen eines Asthmasprays ist den Asthmatikern anzuraten.

5.4.5. Erfahrungen in den Gruppen

Keine Gruppe glich der anderen, aber in jeder Gruppe entstand schon nach relativ kurzer Zeit ein „Wir-Gefühl". So nannten sich alle beim Vornamen, es wurden Fahrgemeinschaften gebildet, Adressen und Telefonnummern verteilt, und eine Gruppe (1) richtete sogar über Handy eine gemeinsame Kommunikationsplattform ein, um flexibel Verabredungen treffen zu können. Aber auch dies: Jana zum Beispiel kümmerte sich von Anfang an um Renate, die an Asthma leidet; in ihrer Bauchtasche verstaute sie das Asthmaspray, und erkundigte sich regelmäßig nach Renates Ergehen. Oder auch: Als sich der über sechzigjährige Harald einmal bei einem Lauf etwas unwohl fühlte, aber doch – auf mein Nachfragen hin - gerne weiter machen wollte, war sofort Jasmin zur Stelle, die den restlichen Weg nicht von seiner Seite wich.

Dass die Gruppe jeweils von besonderer Bedeutung war, haben die einzelnen Teilnehmer auch schon nach fünf Wochen im Zusammenhang mit den Videoaufzeichnungen bestätigt[167]; hier sollten sie ein erstes Feedback vor der Kamera geben. *„Es hat mir Spaß gemacht in der Gruppe zu laufen, weil es doch da einfacher geht als wenn man allein läuft"*, sagte etwa Gunter. Noch etwas differenzierter fasst es Sylvia zusammen: *„Das Laufen macht unheimlich Spaß gerade auch mit der Gruppe. Also neue Leute, nette Leute kennen zu lernen. Und gemeinsam das Ziel nicht aus den Augen zu verlieren. Mit einem Tempo – alle passen sich einander an...".* Im anonymen Fragebogen

---

[166] Vgl. u.a. Aderhold, L./ Weigelt, S. (2012), S.318. Der ortsansässige Arzt hat mir freundlicherweise seine Handynummern für auftretende Notfälle anvertraut.
[167] Die *verschriftlichten Video-Aufzeichnungen* finden sich im Anhang, S.143ff.

(nachher)[168] formulierte eine Person das Erleben in der Gruppe wie folgt: *„Das Laufen in der Gruppe habe ich sehr positiv erlebt. Einmal der Spaß schon am frühen Morgen im Miteinander, aber auch der Austausch durch die meditativen Einheiten; manchmal war es nur ein Satz der anderen, der mein Denken in eine andere Richtung gebracht hat. Die sehr schnelle Vertrautheit durch Gespräche, die nicht an der Oberfläche blieben."*

5.5. Kernbausteine des Projektes[169]
5.5.1. Das Laufprogramm
Die Basis für das durchgeführte Projekt bildete das von Weber entwickelte DLZ-Standard-Programm für Laufanfänger, das durch Stretch- und Dehnübungen sowie eine leichte Lockerungs- und Kräftigungsgymnastik ergänzt wird.[170] Es wurde zielgerichtet durchgeführt, bis auf leichte Abänderungen die sich durch konkrete Situationen ergaben (z.B. Gewitter). Die Gruppen trafen sich wöchentlich an zwei Tagen (montags und donnerstags), um unter Anleitung ihre Übungen zu absolvieren. An den vier Terminen, die sich durch die Feiertage ergaben und teilweise zu Terminverlegungen führten, bat ich die Mitglieder der jeweiligen Gruppe sich nach dem von mir vorgegebene Programm selbst zu organisieren. Auch mit der Überlegung, dass dies die Eigenständigkeit der Gruppen nach Abschluss der Lauftherapie positiv beeinflussen könnte.[171]

Nach 6 Wochen erreichten die Teilnehmer das Teilziel 5 Minuten am Stück laufen zu können, nach 10 Wochen liefen sie ununterbrochen 20 Minuten. Der Abschlusslauf über 30 Minuten ohne Gehpausen wurde am Ende des Kurses von 32 Teilnehmern mit Erfolg absolviert.[172] Zwei Teilnehmerinnen mussten die Lauftherapie aufgrund unerwarteter operativer Eingriffe vorzeitig beenden, ein Teilnehmer verletzte sich beim Fußball-Spielen.

---

[168] Zum *Fragebogen „nachher"* siehe Anhang, S.138. Eine Zusammenstellung der *Antworten im Fragebogen „nachher"* findet sich im Anhang, S.152ff.
[169] Zum *kompletten Manual (Stundenentwürfe des Projektes)* siehe Anhang, S.118-134.
[170] S. Weber, A. (1999), S.37.
[171] Vgl. dazu auch Weber, A. (2013), S.12.
[172] Zur „Abbrecher"-Quote vgl. Weber, A. (2013), S.25.

5.5.2. Kurzvorträge und Übungen rund ums Laufen

Bevor die Lauftherapie Raum für geistlich-spirituelle Impulse bieten konnte, musste erst – wie unter 4.2.3. erläutert - eine gewisse Ritualisierung des Laufens eingesetzt haben, d.h. die Teilnehmer sollten in Punkto Laufstil und –rhythmus schon etwas sicherer geworden sein. So zielten die Kurzvorträge und damit verbundene Übungen in den ersten 6 Wochen hauptsächlich auf das „Erlernen" der Laufbewegung bzw. einer gewissen Selbstverständlichkeit im Hinblick auf **Atmung und Laufstil.**[173] Unter „Laufstil" versteht man im Allgemeinen die **Körperhaltungen beim Laufen.** Aufgrund der Einzigartigkeit jedes Menschen - auch im Sinne eines biomechanischen Funktionssystems - wird es immer individuelle Unterschiede (Gewicht, Körperproportionen, andere Eigenarten) geben, so dass eine genaue Festlegung in richtiger und falscher Laufstil nicht zweckmäßig erscheint.[174] Dennoch helfen bestimmte Grundregeln dabei, ein gutes oder gar neues Bewegungsgefühl zu erlangen. Dies ist ohnehin sinnvoll, weil viele Laufanfänger erfahrungsgemäß unsicher sind, denn „*seit dem letzten Lauf als Kind oder Jugendlicher sind meist viele Jahre vergangen*"[175]. Die folgenden Themen wurden in den Kurzvorträgen, die zeitlich etwa 3 bis 5 Minuten umfassten und an die sich entsprechende Übungen anschlossen, berücksichtigt.[176]

---

[173] Das Einüben der Körperhaltung kann aber auch bereits als ein „In-sich-schauen" im spirituellen Sinne verstanden werden.
[174] Vgl. Richter, K. (2013), S.46.
[175] Weber, A. (2013), S.33.
[176] Die in Klammern stehenden Zahlen beziehen sich auf Woche und Tag bzw. Einheit. Zu den Ausführungen im Einzelnen und der verwendeten Literatur siehe Anhang *(Manual)*, S.118-134.

1. Der richtige Armeinsatz, Läuferdreieck und Handhaltung (1/1)
2. Die richtige Körperhaltung: Streckung – der „goldene Faden" (1/2)
3. Laufschuhe, Laufsocken und Fußaufsatz (2/1)
4. Rumpfaufrichtung und Beckenstreckung (2/2)
5. Kraftstoff tanken – Atmung (3/1)
6. Laufbewegung (Abdruckphase, Schwungphase, Aufsatz) (3/2)
7. Puls und Pulsmessen (4/1)
8. Ernährung und Verdauung (4/2)
9. *Videoaufnahmen - Laufstilanalyse* (6/1)
10. Das Laufen „auf die leichte Schulter nehmen" (6/2)

5.5.3. Videoaufnahmen - Laufstilanalyse

Die nach fünf Wochen vorgenommene Videoaufzeichnung des Laufstils mit anschließender Analyse führte bei den meisten Teilnehmern zu einer positiven Verstärkung. *„Ich hätte nie gedacht, dass ich mal so laufen kann!"* war zum Beispiel die spontane Äußerung von Carmen, die wegen ihres Übergewichts zunächst etwas Bedenken hatte, aber beim Blick auf Körperhaltung und Fußaufsatz in Zeitlupe waren alle von ihrem „lockeren" Laufstil angetan.

Auch Hagen und Alexander äußerten sich positiv in Richtung Laufstil-Veränderung. Beide hatten vor einigen Jahren das Laufen aufgegeben, weil es ihnen zu große Kniebeschwerden bereitet hatte. Bei den anfänglichen Laufstil-Übungen schlug ich vor, dass sie doch einfach einmal die Schrittlänge etwas reduzieren sollten. Diese kleine Korrektur führte dazu – und das konnte man bei den Videoaufnahmen gut sehen –, dass sie mehr mit dem Mittelfuß aufsetzten und dadurch ihre Knie entlasteten. Beide liefen übrigens bis zum Ende der Lauftherapie völlig schmerzfrei.

Darüber hinaus konnte man bei den ebenfalls mit Video aufgezeichneten Äußerungen der Teilnehmer das sogenannte *„Feeling-better-*

Phänomen", das nach Aussagen Webers bereits nach wenigen Wochen einsetzt[177], gut beobachten. So formuliert zum Beispiel Yvonne: *"Seit ich laufen gehe, fühle ich mich besser."* Anja sagt: *"Das Laufen tut mir total gut. Es ist zum Abschalten gut..."* Franziska äußert: *"Ich habe gerade heute so gedacht, dass ich mich schon irgendwie viel fitter fühle jetzt nach den 5 Wochen und auch nicht mehr so müde. Kann zwar auch am Wetter liegen, aber ich denke auch am Laufen. Das hat mit schon irgendwie mehr Energie gebracht."* Und die 12-jährige Tini bringt es für sich so auf den Punkt: *"Ich freue mich auch immer hier drauf. Weil, wenn ich vorher sauer bin, dann bin ich danach immer fröhlich."*

5.5.4. Übungen zur Wahrnehmung und Achtsamkeit

Kleine Übungen zur Wahrnehmung und Achtsamkeit, die mit dem Laufen korrespondieren, sollten das Ankommen erleichtern, einen ersten Kontakt mit sich selbst und dem eigenen Körper herstellen und bei Paar- oder Gruppenübungen auch Berührungsängste in der Gruppe abbauen helfen. Bei der Auswahl dieser Übungen waren die Kinder und Jugendlichen wesentliches Kriterium. So sind die Übungen nicht nur vielfältig, sondern auch hin und wieder spielerisch; der Spaßfaktor durfte durchaus eine Rolle spielen.[178]

1. Auf das eigene Tempo achten (1/1)	9. „Mannequinlauf" (5/2)
2. Laufen wie einer, der... (1/2)	10. „Belastbarer werden" (9/1)
3. „Schattenlauf" (2/2)	11. „Für den anderen sehen" (10/1)
4. „Erdung" (3/1)	12. „Atemübungen" mit Strohhalm (10/2)
5. „Blindlauf 1" (3/2)	13. Bewegungen „nachlaufen" (11/1)
6. 1 Minute laufen nach Gefühl (4/1)	14. „Auf leisen Sohlen laufen" (11/2)
7. „Blindlauf 2" (4/2)	15. „Spinnennetz" (12/1)
8. „Blindlauf 3 als Gruppe" (5/1)	16. „Reifenlaufen"/ „Reifenwandern" (12/2)

---

[177] Vgl. Weber, A. (2013), S.11. Zu den verschriftlichten Äußerungen der *Video-Aufnahmen*, siehe Anhang, S.143ff.
[178] Die Zahlen in Klammern geben Woche und Tag bzw. Einheit an. Zur ausführlichen Beschreibung, auch der verwendeten Literatur siehe Anhang *(Manual)*, S.118-134.

5.5.5. Geistlich-meditative Impulse

Ab der siebten Woche wurde das Laufprogramm ergänzt durch die folgenden geistlich-meditativen Impulse[179], die als einübende Wege in die christliche Spiritualität zu verstehen sind. Mit dem Wort „geistlich" soll dabei die inhaltliche Ausrichtung, die von der christlich-kirchlichen Tradition geprägt ist, umschrieben werden; das Wort „meditativ" im Sinne von „Nachsinnen" und „Üben" bezieht sich eher auf die Art und Weise der Rezeption.

1. „Du stellst meine Füße auf weiten Raum" – „Freiheitslauf" (7/2)
2. Nur Geduld – „Geduldsfadenlauf" (8/2)
3. Lasten lassen – „Lastenlauf" (9/1)
4. Gott als Coach oder Personal Trainer – „Eigenschaftslauf" (9/2)
5. Gott beim Laufen sehen – „Landschaftslauf" (10/1)
6. Atmen des Lebensgeistes – „Beim Laufen sich mit der Schöpfung verbunden wissen" (10/2)
7. Alles eine Frage der Gedanken – „Gebetslauf" mit Gebetsbändchen (11/1)
8. In den Spuren eines anderen laufen - „Pilgerweg-Lauf" (Elisabethpfad) (11/2)
9. Sein Licht nicht unter den Scheffel stellen – „Mit Selbstvertrauen laufen" (12/1)

Anhand der aufgelisteten Themen wird deutlich, dass diese Impulse zum Laufen hinführten bzw. mit dem Laufen verbunden wurden. Sie sind so konzipiert, dass sie auch für „spirituell Unerfahrene" ohne Probleme zugänglich sind, verschiedene Körpererfahrungen werden integriert und erleichtern den Einstieg. Die geistlich-meditativen Impulse beinhalteten auch Schweigephasen und bewusst „induzierte", gelenkte Gespräche. Auch die Kinder und Jugendlichen wurden bei diesen Einheiten berücksichtigt.

---

[179] Die in Klammern stehenden Zahlen beziehen sich auf Woche und Tag bzw. Einheit. Zur ausführlichen Darstellung und zur verwendeten Literatur siehe *Manual des Projektes*, Anhang S.118-134.

5.5.6. Gemeinsamer Gottesdienst zum Thema „Lauf des Lebens – Lebenslauf"

Die Teilnehmer und Teilnehmerinnen wurden eingeladen – selbstverständlich freiwillig – einen Gottesdienst mit mir zusammen zum Thema „Laufen" vorzubereiten und zu gestalten; dies sollte auch der

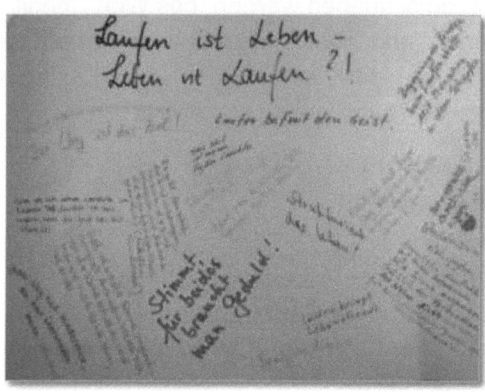

übrigen Gemeinde einen Einblick in die Lauftherapie geben. Bis auf eine Teilnehmerin, die sehr schlechte Erfahrungen mit früheren Gottesdiensten gemacht hatte und sich zurückhalten wollte, waren die anderen Teilnehmer auf unterschiedlichste Weise involviert. So stellten einige ein Plakat unter dem Motto des Gottesdienstes zusammen, dass in einer kleinen Power-Point präsentiert wurde. Hier fanden sich Äußerungen wie: *„Hast du mal Ärger, sag kein Wort – nimm deine Schuhe und lauf fort!"* oder: *„Begegnungen finden beim Laufen statt! Mit Menschen und dem Schöpfer!"*

Darüber hinaus wurden liturgische Elemente (wie Psalm, Lesung und Gebet) von drei Teilnehmerinnen übernommen. Luisa (10 Jahre) entwarf eigens ein „Läufer-Plakat" für den geplanten Gottesdienst; einige wollten in einem „Interview" der Gemeinde etwas von ihren Erfahrungen in der Lauftherapie mitteilen. Für die

Predigt wählte ich die Perspektive eines Baumes, der sich über „seltsame Läufer" am Wegesrand und ihre Übungen so seine Gedanken machte[180]. Alle kamen mit Laufschuhen und Laufkleidung.

---

[180] Zu den Äußerungen beim Interview siehe Anhang, S.150f. Zur Predigt siehe Anhang, S.146ff.

Von den Aussagen beim Interview seien hier nur einige herausgegriffen. So äußerte zum Beispiel Sylvia: *„Erster sein, gewinnen, siegen – darum geht es ja die meiste Zeit. Und das, was wunderschön war, bei uns war die Gemeinschaft das Wichtige. Also der, der am langsamsten war, daran wurde sich orientiert. Wir wollten das gemeinsam schaffen, keiner wurde hängen gelassen. Das fand ich wunderschön, und ich denke, dass ist auch eine richtig gute Erfahrung gewesen gerade für die Jugendlichen, die mit dabei hatten, die ja in der Schule schon ein ganz anderes Programm haben. Also mal zu erleben, wie ist Gemeinschaft und wie man gemeinsam ans Ziel kommen kann, so dass da gewinnen sehr, ja einfach unwichtig ist."*

In eine andere Richtung gingen die Worte von Melanie: *„Durch die Arbeit im Kindergarten auch privat, man nimmt ja den ganzen Tag über unheimlich viel auf, schleppt es mit sich herum und ich habe es auch immer gerne mit in die Nacht genommen und meine Seele kam eben nicht zur Ruhe. Und beim Laufen gerade so die ersten paar Minuten habe ich immer gedacht, geht ganz schön schwer, aber ich habe gemerkt mit jedem Schritt, es wurde weniger, die Seele wurde leichter und seitdem nehme ich nichts mehr mit in die Nacht oder nur noch ganz wenig, ich schlafe unheimlich gut, das hätte ich nie gedacht. Also meine Seele atmet auf durch das Laufen."*

Katharina hat bei ihrer Äußerung eher die spirituelle Dimension des Laufens im Blick: *„Wir bekamen Hilfen zur guten Körperhaltung. Und da war ein Bild vom unsichtbaren goldenen Faden zwischen dem Himmel und unserem Kopf, der uns quasi nach oben aufrichtet und nach vorne zieht. Und das fand ich ein sehr schönes Bild, was man auch für seinen ganzen Lebensweg, Lebenslauf so übertragen kann, ja so nehmen kann. Dass es eben diese Kraft Gottes gibt zwischen Himmel und Erde, die uns eben aufrichtet und nach vorne bringt."*

Antje schließlich sagte voller Stolz: *„Ich trage jetzt ‚6 Milchbeutel' (6 Kilo) weniger mit mir herum, und das ist sehr angenehm."*

Dass die Gottesdienstbesucher sehr von den Aussagen, ja vom gesamten Gottesdienst und seinem Thema bewegt waren, zeigte sich u.a. in ihrer Bewertung der Lauftherapie. Denn im Anschluss an den

Gottesdienst wurde eine schriftliche Befragung mit den Gottesdienstteilnehmern durchgeführt, deren Ergebnisse in Kapitel 6 ausführlich dargestellt werden.

5.6. Darstellung zweier exemplarischer Einheiten

Im Folgenden sollen zwei Einheiten aus der zweiten Hälfte der Lauftherapie einen Einblick in das Zusammenwirken von Laufen und geistlich-meditativen Impulsen geben. Zunächst wird jeweils der Ablauf der Einheit (mit seinen einzelnen Bausteinen) vorgestellt und im Anschluss die damit verbundenen Erfahrungen und Äußerungen der Teilnehmer.

5.6.1. „Du stellst meine Füße auf weiten Raum" – „Freiheitslauf"
5.6.1.1. Ablauf[181]

⇨ Begrüßung, Frage nach dem Ergehen

⇨ Geistlich-meditativer Impuls zum Thema: **„Meine Füße"**
(Die Teilnehmer stehen im Kreis)
1) Hinführung: **Sprichworte zum Thema** werden gesammelt (z.B. „auf großem Fuß leben", „die Füße in die Hände nehmen", „soweit die Füße tragen"…, ihre jeweilige Bedeutung wird kurz erläutert; auch in der Bibel kommen „Füße" vor, Ideen werden zusammengetragen (z.B. Fußwaschung Jesu oder „dein Wort ist meines Fußes Leuchte"…).

2) Biblischer Anknüpfungspunkt: Eine biblische Erzählung **„Mose am brennenden Dornbusch"** kann uns besonders dabei helfen, in eine meditative Haltung zu kommen; Gott bittet nämlich Mose seine Schuhe auszuziehen, weil er auf heiligem Boden steht (Geschichte erzählen). Nackte Füße als Zeichen der Ehrfurcht und der Bereitschaft, etwas Neuem und Besonderem zu begegnen.

---

[181] Zum Ablauf siehe auch Anhang, S.126.

3) Vertiefung: Die Teilnehmer werden nun gebeten, die **Schuhe auszuziehen** (im vorhergehenden Treffen wurde dieses angekündigt) und die beiden folgenden Stationen zu durchlaufen: Die *erste* Station bietet die Möglichkeit, dass jeder für sich einer schriftlichen Anweisung folgend, Einzelübungen für seine Füße absolvieren kann und mit Fragen gedanklich auf das Thema eingestimmt wird[182]. Die *zweite* Station ist ein kleiner von mir zusammen getragener „**Fußsensibilisierungspfad**". Blind und mit nackten Füßen werden die Teilnehmer über verschiedene Untergründe (Kieselsteine, Stroh, Rindenmulch, „Holzbrücke", Sand, weiche Erde, Wasser, größere Steine im Wasser und Moos) geführt. Eingeleitet mit dem Psalmwort: „**Er (Gott) führt mich auf rechter Straße**" (Psalm 23,3b) sollen sie ihre Empfindungen und Erinnerungen an verschiedene Wege ihres Lebens erspüren und gegebenfalls in Worte fassen.

⇨ Aufwärmen und Lockern

⇨ Laufen nach dem DLZ-Standard-Laufprogramm: *6 Minuten Laufen - 1 Minute Gehen (3 Wiederholungen)*, Laufzeit: 18 Minuten. Die ersten sechs Minuten sollen dem Nachspüren in den Füßen dienen: Hat sich etwas verändert? Wie fühlt sich das Laufen nun an? Bei den zweiten sechs Minuten werden die Teilnehmer gebeten, sich (paar- oder gruppenweise) über das folgende Bibelwort austauschen: „**Du stellst meine Füße auf weiten Raum.**" (Psalm 31,9b) Beim dritten Laufabschnitt sollen sie sich die mit dem Psalmwort verbundene **Freiheit** für mindestens zwei Minuten schweigend erlaufen, vielleicht hilft dabei auch der Gedanke an einen bestimmten Untergrund (s.o.). Danach Austausch über das Erlebte.

⇨ Dehnen, Stretching. Verabschiedung

---

[182] Siehe hierzu Station 1: Meine Füße – Einzelübungen im Anhang (Manual), S.126.

5.6.1.2. Erfahrungen der Teilnehmer

Der Aufbau der meditativen Übung wurde von den Teilnehmern gut nachvollzogen und angenommen. Mit spürbar innerer Achtsamkeit absolvierten sie die Stationen. Dies galt auch für die Kinder und Jugendlichen. Bei der Station „Fußsensibilisierungspfad" nahm ich mir bei den größeren Gruppen 1 und 2 noch eine Person dazu, die mir dabei half, die Teilnehmer blind durch den Parcours zuführen, so dass wir den geplanten Zeitrahmen nicht überschritten.

Viele Erinnerungen wurden beim Durchschreiten des Pfades verbalisiert: Der Sand erinnerte an bestimmte Urlaube, die Steine an harte Wege, die Holzbrücke wurde unterschiedlich wahrgenommen als Balanceakt oder als Holzsteg an einem See. Beim Wasser dachten alle an Erfrischung, die weiche Erde erinnerte manche an die Kinderzeit, in der sie im Wald Pilze sammelten, der Rindenmulch an Gartenarbeit.

Nachdem die Teilnehmer zum Laufen wieder ihre Schuhe angezogen hatten, sagten fast alle, dass sich ihre Füße nun ganz anders – viel weicher und wärmer – anfühlen würden; überhaupt seien die Füße nun mehr im Bewusstsein. Harald formulierte nach dem Laufen sogar, dass er noch nie so toll im Leben gelaufen sei.

Auch die Gesprächsimpulse bei der Laufeinheit wurden von den Teilnehmern positiv aufgenommen und durchgeführt; ebenso die Schweigephasen.

Der Austausch über Psalm 31,9b gestaltete sich sehr interessant. Besonders in Gruppe 1: Yvonne und Sarah dachten zum Beispiel beim Hören dieses Verses an die Weite des Lebens mit seinen vielen Entscheidungsmöglichkeiten, die nun nach der Schulzeit vor ihnen liegt.

"Das ist Freiheit!" so Sarah. Darauf bemerkten Antja und Silvia, dass man als Erwachsene schon weniger Entscheidungsmöglichkeiten habe. Die vorgegebenen Bahnen seien fester. Darauf Iris: *„Aber auch als Erwachsener kann man doch noch Freiheit erleben, das ist doch alles eine Frage der inneren Einstellung." „Aber wie macht man das so mitten im Alltag und den beruflichen Anforderungen?"*, fragte Gunter; darauf sein Sohn Till: *„Na, durchs Laufen, Papa!"* Alle mussten lachen und stimmten zu. Nach längerer Pause fügte noch jemand hinzu: *„Ja, Gott stellt unsere Füße auf weiten Raum, wir aber müssen selbst in Bewegung kommen und so die Weite und Freiheit genießen lernen."*

5.6.2. Lasten lassen - „Lastenlauf"
5.6.2.1. Ablauf[183]

⇨ Begrüßung, Frage nach dem Ergehen, Frage nach dem Asthmaspray

⇨ Übung zur Körperwahrnehmung: 1) Jeder Teilnehmer erhält einen schweren, aber für ihn tragbaren Gegenstand. Nun hält er den Gegenstand so als wolle er sein Gewicht prüfen. Ober- und Unterarme bilden einen rechten Winkel. Für eine Minuten halten. (Pause) 2) Der Gegenstand wird nun mit gestrecktem Arm 1 Minute gehalten, so als wolle man einem Gegenüber den Gegenstand überreichen. - Bei beiden Übungen sollen die Teilnehmer erspüren, welche Körperbereiche beteiligt sind.[184] (Hinweis auf die Stärkung der Rückenmuskulatur).

⇨ Aufwärmen und Lockern,

⇨ Übungen aus dem Lauf-ABC: Anfersen, Hüpfekästchen

---

[183] Siehe auch Anhang, S.128.
[184] Zu den Übungen s. Dyckhoff, P. (2014), S.106f.

▷ Geistlich-meditativer Impuls: **„Lasten"**
1) Hinführung: Was kann Menschen alles belasten und bedrücken? (Wir tragen die Gedanken zusammen.) Die Teilnehmer werden nun gebeten sich auf Karten vorbereitete „Lasten", die sie vielleicht im Moment empfinden, herauszugreifen: z.B. Beruf, Stress, Mobbing, Familie, Gerede, Krankheit, Sorgen, Ängste, ungelöste Konflikte, Finanzen... (Auch die Wahl mehrerer Karten ist möglich.) Die gewählten Karten werden danach in eine Stofftasche gelegt. Die Teilnehmer haben nun die Aufgabe, kleine Kieselsteine dazu zufüllen, die symbolisch dem Gewicht ihrer Lasten entsprechen könnten. Die Stofftasche wird über einem Seil zusammengerollt und um die Hüfte gebunden.

▷ Laufen nach dem DLZ-Standard-Laufprogramm: *12 Minuten Laufen - 1 Minute Gehen (2 Wiederholungen)*, Laufzeit: 24 Minuten. Dazu die meditative Übung: **„Lastenlauf"** als Vertiefungsphase: Zunächst sollen die Teilnehmer in einer Schweigephase, sich der eigenen Lasten bewusst werden: Was trage ich da mit mir herum? Was beschwert meinen Weg, meine Schritte? Nach ca. 4 Minuten können sich die Teilnehmer nun paarweise über die in ihrer Tasche befindlichen „Lasten" unterhalten. Nach weiteren 4 Minuten werden sie während des Laufens dazu aufgefordert, ihre Lasten dem jeweils anderen zu übergeben mit dem Bibelwort: **„Einer trage des anderen Last."** (Galater 6,2) Die Gespräche dürfen weitergeführt werden mit der Frage, ob sich durch das Wechseln der Last etwas im Hinblick auf die eigene Last verändert hat. Nach Ablauf der 12 Minuten gelangen die Teilnehmer an eine vorbereitete Station: Ein Kreuz - darunter eine Aufschrift mit dem Bibelwort: **„Jesus spricht: Kommet her zu mir alle, die ihr mühselig und beladen seid; ich will euch erfrischen."** (Matthäus 11,28) Daneben steht eine Flasche Wasser. Die Teilnehmer erhalten ihre eigene Last wieder zurück und haben nun die Möglichkeit, sie vor dem Kreuz niederzulegen, sich mit Wasser zu erfrischen und dann das Laufen mit der zweiten Einheit (12 Minuten) – diesmal ohne Lasten - zu vollenden.

▷ Dehnen, Stretching. Gedankenaustausch. Verabschieden.

5.6.2.2. Erfahrungen der Teilnehmer

Schon das Aussuchen der Lasten-Karten wurde von allen Teilnehmern sehr ernst aufgegriffen.

Beim Laufen wollte ich darauf achten, dass die Teilnehmer trotz der umgebundenen Last eine aufrechte Körperhaltung haben und auch den richtigen Armeinsatz. Interessanterweise machten es alle „richtig"! (Auch ohne gezielte Anweisung.) Auch die Übergabe der Lastenpäckchen während des Laufens gelang ohne Probleme und ohne dass jemand anhalten mussten.

In allen drei Gruppen kamen die Paare in intensive Gespräche über ihre Lastensäckchen. Ich unterhielt mich mit Luisa, die etwas darunter leidet, in der Schule immer alles *„super gut"* machen zu wollen. Wir überlegten gemeinsam, was ihr dabei helfen könnte, mit weniger Druck an alles heran zu gehen. Dann kam ihr auf einmal eine Idee: *„Wenn Gott mich gemacht hat, dann brauche ich doch nur das gut können, was er denkt, was ich gut kann."* Beeindruckt von dieser „kindlichen" Logik, sah ich später dabei zu, wie Luisa zusammen mit den Anderen - mit spürbar innerer Beteiligung - ihr Lastenpäckchen vor dem Kreuz niederlegte.

Viele erzählten im Anschluss an die Einheit, wie eindrücklich die Erfahrung gewesen sei: Mit einem anderen die Last zu teilen, sich darüber auszutauschen, sie symbolisch abzulegen und dann befreiter weiter zu laufen. *„Laufen nimmt Lasten"* so stellte Gunter mit knappen Worten fest. Jessica sagte: *„Meine Sorgen sind kleiner geworden,*

mein Kopf ist frei!" Am Ende waren eigentlich alle erstaunt darüber, dass sie überhaupt gar nicht an die Zeit gedacht hatten; obwohl einige schon etwas ängstlich in die 12 Minuten gestartet waren, schafften es doch alle ohne Probleme und „Lasten". Stolz und Freude machten sich breit.

6. Wirkungen der Lauftherapie im Kontext von Gemeinde – empirische Untersuchung

6.1. Fragestellung

Entspricht das Ziel der Lauftherapie den Erfahrungen der Teilnehmer? Oder anders ausgedrückt: Inwieweit wirkt Lauftherapie, wenn sie mit geistlich-meditativen Elementen kombiniert und von einer Pfarrerin im Rahmen der Gemeindearbeit angeboten wird? Welche Wirkungen zeigen sich im körperlich-seelischen Bereich (seelsorgerlicher Aspekt), im geistlich-spirituellen Bereich und in Bezug auf die Gemeinde (kybernetische Dimension)?

6.2. Untersuchungsrahmen

Bei der **qualitativen Evaluation der Wirkungen**[185] ist mir bewusst, dass ich selbst in den Prozess involviert bin und das Ergebnis vielleicht nicht ganz von meiner Person zu trennen ist – besonders auch im Hinblick auf den spirituellen Erfahrungshorizont. Aber gerade dort ermöglicht ja erst das *„partizipatorische Bewusstsein"*[186] eine sinnvolle Untersuchung. Das heißt: Einerseits greife ich durch die Durchführung der Lauftherapie mit der Intention einer positiven Veränderung selbst in die „Untersuchung" ein; andererseits wiederum ermöglicht gerade dieses und die damit entstandene Nähe bzw. „Innenperspektive" auch als „teilnehmender Beobachter", die größtmögliche Datenermittlung über die erzielten Wirkungen.[187]

An dieser Stelle soll aber auch darauf hingewiesen werden, dass sich das Projekt vornehmlich als ein erster Erfahrungsbericht in diesem Bereich versteht (also explorativ), dessen Erkenntnisse möglicherweise dazu anregen, noch weiter nachzufragen und zu forschen, aber keineswegs einen Anspruch auf „Allgemeingültigkeit" erheben.

---

[185] Vgl. Mayring, P. (^{5}2002), S.62. Bei der Größe der Teilnehmerzahl werden auch *Quantifizierungen* sinnvoll sein, die aber nach Kuckartz ebenso legitime Elemente qualitativer Untersuchungen darstellen können. Kuckartz, U. (^{2}2014), S.18f.
[186] Freudenreich, D. (2011), S.55. Nur der kann spirituelle Erfahrungen untersuchen, der den herkömmlichen Subjekt-Objekt-Dualismus aufgibt; er muss in der Lage sein, einen ähnlich gearteten Bewusstseinszustand anzunehmen, um das im Erfahrungsbericht Gehörte angemessen auswerten zu können.
[187] Vgl. Mayring, P. (^{5}2002), S.81. Dieser Aspekt entspricht auch dem Grundgedanken „teilnehmender Beobachtung".

6.3. Evaluationsmethoden
6.3.1. Verwendete Verfahren zur Datenermittlung
Um die möglichen Wirkungen zu evaluieren, wurden folgende „Verfahren" in Verbindung mit den „Untersuchungsbereichen" in Anspruch genommen:

Untersuchungsbereich	Verwendete Verfahren
Seelsorgerliche Dimension	<ul><li>Anmelde- bzw. Anamnesebogen</li><li>Fragebogen „vorher" (Fragekomplex 1: Paderborner Stress-Inventar)</li><li>Fragebogen „nachher" (Fragekomplex 1: Paderborner Stress-Inventar, Fragen 2a-c,7)</li><li>Notizen der „teilnehmenden Beobachtung"</li><li>„Äußerungen" der Teilnehmer im Gottesdienst</li><li>Leitfadengestützte Interviews von 3 TN</li></ul>
Spirituelle Dimension	<ul><li>Fragebogen „vorher" (Fragekomplex 2: A-D)</li><li>Fragebogen „nachher" (Fragen 4,5,7)</li><li>Notizen aus der „teilnehmenden Beobachtung" (ab Woche 7)</li><li>„Äußerungen" der Teilnehmer im Gottesdienst</li><li>Leitfadengestützte Interviews von 3 TN</li></ul>
Kybernetische Dimension[188]	<ul><li>Eingangsgespräch</li><li>Fragebogen „nachher" (Frage 3)</li><li>Befragung Gottesdienstteilnehmer</li></ul>

6.3.2. Fragebogen „vorher" und „nachher"
Um Veränderungen ermitteln zu können, ist das Erfassen vergleichbarer Daten vor und nach dem Zeitraum der Lauftherapie sinnvoll. So

---

[188] Die Kybernetische Dimension kann hier nur im Zusammenhang mit der Wirkung auf die Gemeinde (Befragung der Gottesdienstbesucher) und im Hinblick auf Gruppenerfahrungen untersucht werden. Inwieweit Lauftherapie auch Menschen nachhaltig in die Kirchengemeinde führen kann, müsste in einer längerfristigen Untersuchung eruiert werden.

wurde für den **seelisch-körperlichen Bereich** (seelsorgerliche Dimension) auf das bereits bewährte von Alexander Weber konzipierte **Paderborner Stress-Inventar** zurückgegriffen.[189] Im Fragebogen „vorher" werden körperliche und seelische „Beeinträchtigungen" auf Basis von zugelassenen Mehrfachnennungen erhoben. Im Fragebogen „nachher" ermittelt eine Rating-Skala (verschlechtert, wie vor der LT, etwas gebessert, gebessert, stark gebessert) mögliche Veränderungen. In beiden Fragenbögen stellt das Paderborner Stress-Inventar den ersten Fragekomplex dar. Das Paderborner Stress-Inventar wurde für den seelsorgerlichen Bereich gewählt, weil es zentrale Beeinträchtigungen und Stress-Belastungen des modernen Menschen differenziert darstellt und erfragt, und sowohl die Reaktion auf Stress als auch der Umgang mit Stress wesentliche Aspekte des freien und verantwortlichen Umgangs eines Menschen in seiner Beziehung zu sich selbst mit dem Ziel der Selbstsorge bzw. Selbsthilfe darstellen. Und genau dieses Ziel entspricht der Intention seelsorgerlichen Handelns.[190]

Die weiteren Fragekomplexe der Fragebögen beziehen sich vor allem beim Fragebogen „vorher" auf den Bereich der **spirituellen Dimension**. Die Basis für die entsprechenden Fragen bildet zum einen die Aussage, dass sich spirituelles Leben in drei Richtungen vollzieht und konkretisiert, nämlich im Verhältnis zu mir selbst, im Verhältnis zum Nächsten/ Anderen und im Verhältnis zu Gott.[191] Zum anderen basieren die Fragen auf dem schöpfungstheologischen Ansatz, der hinter und in der Natur Gottes Schöpferkraft am Werke sieht und den Menschen (in seiner Einheit von Körper, Seele und Geist) als Teil der Schöpfung wahrnimmt.

---

[189] Vgl. Weber, A. (o. J. a). Die Items „verringertes sexuelles Verlangen" und „vermehrter Alkohol- und/oder Nikotinkonsum" habe ich nicht berücksichtigt, da ich als Pfarrerin nicht den Anschein einer „moralischen" Instanz erwecken wollte, und außerdem auch Jugendliche und Kinder befragt wurden. Hinzugefügt wurde das Item „Belastung durch Sorgen", was im seelsorgerlichen Kontext eine große Rolle spielt.

[190] Vgl. hierzu 4.1.2. Auch in der seelsorgerlichen Begleitung wird zunehmend deutlich, wie viele Menschen mit der Arbeitsbelastung, dem Leistungsdruck und den Ansprüchen an sich selbst - manchmal bis zum Burn-out - zu kämpfen haben. Aber auch Arbeitslosigkeit führt u.U. zu Stressbelastungen, ganz abgesehen von diversen privaten Anforderungen.

[191] Vgl. hierzu 4.2.1. und Zimmerling, P. (2010), S.40. Zimmerling bezieht sich dabei auf das sogenannte Doppelgebot der Liebe nach Matthäus 22,37-39.

Der Fragebogen „vorher" versucht mittels einer dreistufigen Skala (stimmt, stimmt nicht, weiß nicht) in den Kategorien „Beziehung zu Gott", „Beziehung zu anderen Menschen", „Beziehung zu mir selbst" und „Meine Beziehung zur Natur" die Ausgangssituation der Teilnehmer zu ermitteln.[192] Die Jugendlichen wurden bei diesem Fragebogen bei den Erwachsenen mitberücksichtigt, die drei Kinder erhielten einen eigenen etwas kindgerechter gestalteten Fragebogen.

Beim Fragebogen „nachher", werden die oben angeführten Kategorien als Leitfaden beibehalten (bessere Vergleichbarkeit), aber diesmal in Form „offener" Fragen dargebracht. Dieses Vorgehen ermöglicht es den Teilnehmern, nun selbst zu Wort zu kommen, was sich bei persönlichen Erfahrungen und Veränderungen im Bereich der Spiritualität und der Seelsorge anbietet; außerdem wird so auch die einzelne Person, um die es ja bei der Lauftherapie geht, noch besser gewürdigt. Bei der Auswertung des Fragebogens „vorher" hat sich zudem gezeigt, dass eine zu detaillierte Abfrage zur Messung spiritueller Praxis, spiritueller Erfahrungen und Gottesvorstellungen im Blick auf diese Untersuchung wenig zielführend ist, denn es geht nicht um das Erfassen eines generellen Bildes von Spiritualität, sondern lediglich um das Ermitteln bestimmter Wirkungen. Daher soll im Rahmen dieser Untersuchung der Fragebogen „nachher" im Blick auf die Ergebnisse im Bereich der spirituellen Dimension im Wesentlichen berücksichtigt werden. Er lässt zudem auch die Kinder zu Wort kommen.

6.3.3. Leitfaden gestützte Interviews einzelner Teilnehmer
Für ein Interview habe ich mir drei Teilnehmerinnen ausgesucht: Antje, Carmen und Jessica, die beim Eingangsgespräch von einem eher lockeren bisherigen Kontakt zur Kirchengemeinde gesprochen haben. Dies erschien mir eine gute Voraussetzung dafür, nun gezielt nach Veränderungen in der Beziehung zu Gott (also im spirituellen

---

[192] Siehe hierzu auch Huber, S./ Klein, C. (2011), S.57f. Ihre Untersuchungen spiritueller und religiöser „Konstruktträume" im Rahmen des Religionsmonitors 2008 liefern einige Indikatoren zur Messung spiritueller Praxis, spiritueller Erfahrungen und Gottesvorstellungen; aus allen 3 Bereichen (Praxis, Erfahrungen, Gottesvorstellung) wurden Fragen im Fragebogen „vorher" verwendet.

Bereich) fragen zu können. Des Weiteren haben sowohl Antje als auch Carmen schon auf dem Anmeldebogen gesundheitliche und seelische Beeinträchtigungen angegeben und zudem den Wunsch Gewicht zu verlieren. Hier konkreter nach Wirkungen der Lauftherapie nachzufragen, könnte zu Erkenntnissen in der seelsorgerlichen Dimension führen. Bei Jessica war ich zudem auf dem Anmeldebogen über die Aussage „gestolpert", dass sie sich wünscht, ein neuer (besserer) Mensch zu werden und wieder an sich selbst glauben zu lernen. Mich interessierte es sehr, auch nach einzelnen Gesprächen während der Lauftherapie, ob sich für Jessica positive Veränderungen ergaben. Außerdem waren Carmen und Jessica als Mutter und Tochter gemeinsam in einer Gruppe. Auch hier wollte ich in Erfahrung bringen, ob diese Konstellation sinnvoll war.

Nach Mey ermöglicht es ein Interview in besonderer Weise die „**Sicht des Subjektes**" zu erheben, also auch die individuelle Struktur und Interessenlage des Befragten zu berücksichtigen.[193] Da es bei der Lauftherapie grundsätzlich um die „Sicht des Subjektes" geht, ist es sinnvoll, den Befragten das Wort zu geben, um über ihre Erfahrungen und ihre Gefühle zu berichten; so erscheint mir die Methode des Interviews als Erweiterung zu den Auswertungsbögen angemessen. Zumal das Interview im Verhältnis zum Fragebogen die emotionale Ebene noch besser berücksichtigen kann. Als Methode für die Interviews mit den oben genannten Personen wähle ich die des **fokussierten Interviews,** wie sie zum Beispiel auch von Flick beschrieben wird.[194] Nach Bohnsack ist die Qualität eines solchen Interviews auch von der Atmosphäre abhängig, in der das Interview geführt wird. Die Befragten sollen sich sicher fühlen.[195] Die Interviews wurden daher

---

[193] Mey, G. (2005), S.156. Vgl. auch Fiedler (2013), S.37.
[194] Flick, U. (^{5}2012), S.194-202. Von den 4 angeführten Kriterien (S.195) der Interviewdurchführung nicht alle gleichermaßen berücksichtigt. Besondere Bedeutung soll den Kriterien „Spezifität der Sichtweise" und „Tiefgründigkeit" zukommen. Die Vielfältigkeit der Menschen führt zu unterschiedlichen Erfahrungen und Sichtweisen in Bezug auf die LT, auch die tiefgründigen – emotionalen – Momente dürfen und sollen zur Sprache kommen, insbesondere auch im Blick auf die seelsorgerliche Dimension.
[195] Bohnsack, R. (^{8}2010), S.92f. Vgl. auch Fiedler (2013), S.38.

bei den Interviewpartnern Zuhause durchgeführt. Mit dem Einverständnis der Interviewten wurde eine Audioaufnahme zum Festhalten des eruierten Materials angefertigt.

6.3.3. Der Leitfaden
Beginnend mit der Frage, wie sich der Interviewte nach dem Vollenden des 30-minutigen Laufes gefühlt hat (Stimulusfrage), sollen offene, aber strukturierte Fragen bezüglich der Wirkungen von Lauftherapie folgen unter Berücksichtigung der gesundheitlichen, der seelischen und spirituellen Veränderungen. Auch die Erfahrungen des Laufens in einer Gruppe werden erfragt. Mit der Frage nach dem, was dem Interviewten besonders wichtig war, soll dann eine weitere Fokussierung auf die Gefühle bewusst erzeugt werden. Die abschließende Frage danach, was der Befragte potenziellen Interessierten sagen würde, soll noch einmal den persönlichen Bedeutungsgehalt der Lauftherapie für den einzelnen herausstreichen.

6.3.4. Die Auswertungsmethode
Die drei mit der Lauftherapie verbundenen und hier zu untersuchenden Bereiche (seelsorgerliche, spirituelle und kybernetische Dimension) greifen teilweise ineinander. So gehören zum Beispiel Aussagen über einen veränderten „Selbstwert" sowohl in den seelisch-seelsorgerlichen als auch, wie unter 4.2.1. erörtert, in den spirituellen Bereich; ebenso lassen sich Äußerungen über „gruppendynamische Erfahrungen" der kybernetischen wie der spirituellen Dimension zuordnen. Der Übersicht halber wurden deshalb zunächst solche Kategorien nur einem Bereich zugeordnet, können aber bei der Interpretation auch in den anderen Bereichen Erwähnung finden.

Sowohl die fokussierten Interviews als auch die Erhebungen des Fragebogens „nachher" (Frage 2-5, 7) werden mit dem Kodierungsverfahren ausgewertet, wobei die entsprechenden Kategoriensysteme hauptsächlich deduktiv, d.h. an bereits vorliegenden Ergebnissen bzw. an den durch die Spiritualität implizierten und oben erwähnten Kategorien orientiert, an das Material herangetragen werden.[196] Bei

---

[196] Vgl. hierzu Bortz, J./ Döring, N. (⁴2006), S.330.

diesem Vorgehen, ist *"das auf alle Texte angewendete Kategorienschema der Rahmen, der den Einzelfall durch dessen Kategorienbesetzung beschreibt"*[197]. Demnach liegt bereits den gestellten Fragen eine inhaltlich analytische Kategorienbildung zugrunde. Bei der Auswertung der Interviews geht es nicht darum, die einzelnen Interviews so exakt und ausführlich wie möglich zu interpretieren, sondern Aussagen zu identifizieren, die den einzelnen Fragen des Leitfadens zugeordnet werden. Ziel ist es, das *"Überindividuell-Gemeinsame"* herauszuarbeiten.[198]

6.4. Wirkungen im Bereich „Seelsorge" und „Lauftherapie"

Seelsorge ist, wie oben ausführlich dargestellt, eine Lebens-Begleitung von Menschen. Alle Fragen und Themen, die im Zusammenhang des Alltags aufbrechen, können Anliegen und Inhalt sein. So kann das Thema Krankheit ebenso bedacht werden wie Fragen nach dem Selbstwert oder der Stärkung eines allgemeinen Wohlgefühls. Seelsorge hält stets das Angebot christlichen Glaubens bereit, was bereits durch die Seelsorgeperson repräsentiert sein kann, und versucht – je nach Situation auch unabhängig davon - darauf hinzuarbeiten, das Gegenüber dahingehend zu stärken, ein freies und verantwortliches Subjekt in der Beziehung zu sich selbst, zur Umwelt und zum Ganzen des Lebens zu werden. In dieser Intention unterscheidet sie sich wenig vom Anliegen anderer Disziplinen, deren Hauptaugenmerk auf der Psyche des Menschen liegt, allen voran der Psychologie. Wenn also im Folgenden nach den seelischen Wirkungen von Lauftherapie gefragt wird, freilich in Bezug auf die Ganzheitlichkeit des Menschen, wird dies auch unter Einbeziehung psychologischer Termini geschehen. Es soll nun als erstes nach den Ergebnissen des Paderborner Stress-Inventars gefragt werden; im Anschluss daran werden die Aussagen der Fragebögen und Interviews dargestellt. Die jeweiligen Erkenntnisse werden vor dem Hintergrund bisheriger Untersuchungen diskutiert.

---

[197] Ebd.
[198] Vgl. Mayer, H. O. (⁶2013), S.47f.

6.4.1. Auswertung des Paderborner Stress-Inventars[199]

27 abgegebene Fragebögen liegen der Auswertung zugrunde (w= 23, m = 4; Durchschnittsalter der TN = 40,6 Jahre). Als sich die Teilnehmer zur Lauftherapie anmeldeten, machten ihnen die folgenden in der Abbildung dargestellten Beeinträchtigungen und Belastungen besonders zu schaffen, Mehrfachnennungen waren möglich.

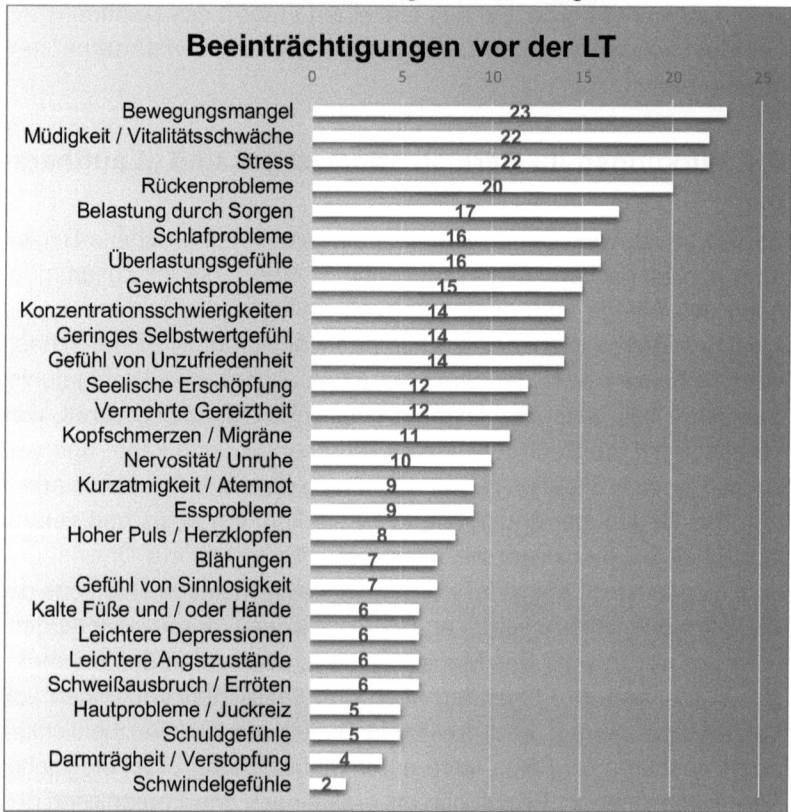

Abbildung 6: Beeinträchtigungen/ Belastungen der Teilnehmer/innen vor der Lauftherapie (eigene Darstellung)

---

[199] Da nach der Lauftherapie mehr Personen Veränderungen angaben, als vor der Lauftherapie Einschränkungen angekreuzt waren, wurden - um eine bessere Vergleichbarkeit zu erzielen - die Eingangsfragebögen den Kennziffern entsprechend nachkorrigiert. Möglicherweise ist das bewusstere Wahrnehmen des Körpers dafür verantwortlich, dass den Teilnehmern während der Lauftherapie weitere Belastungen auffielen, die sie durch die Lauftherapie dann verbessert sahen. Die Eingangsbögen, derer die die Lauftherapie abgebrochen haben und der Interviewpartner bleiben unberücksichtigt.

In Prozenten ausgedrückt gaben 85,2% an, dass sie an Bewegungsmangel leiden; 81,5 % klagten über Müdigkeit und mangelnden Lebensschwung, ebenso so viele gaben an, durch Stress beeinträchtigt zu sein. Für 74,1% zählten Rückenprobleme zu den Einschränkungen ihres Lebens. 17 Teilnehmer (immerhin 63 %) fühlten sich durch Sorgen belastet, dicht gefolgt von Schlafproblemen und Überlastungsgefühlen (je 59,3%). Auf dem 8. Platz der Rangfolge mit einem Anteil von 55,6 %, also bei mehr als der Hälfte der Teilnehmer, erscheint der Bereich der Gewichtsprobleme. Von einem geringen Selbstwertgefühl und einem Gefühl der Unzufriedenheit waren ebenfalls noch mehr die Hälfte der Teilnehmer betroffen (jeweils 51,9%).

Hat sich nach 12 Wochen Lauftherapie eine wünschenswerte Änderung einstellen können? Die folgende Abbildung gibt die erfragten Antworten der Rating-Skala des Paderborner Stress-Inventars wieder.

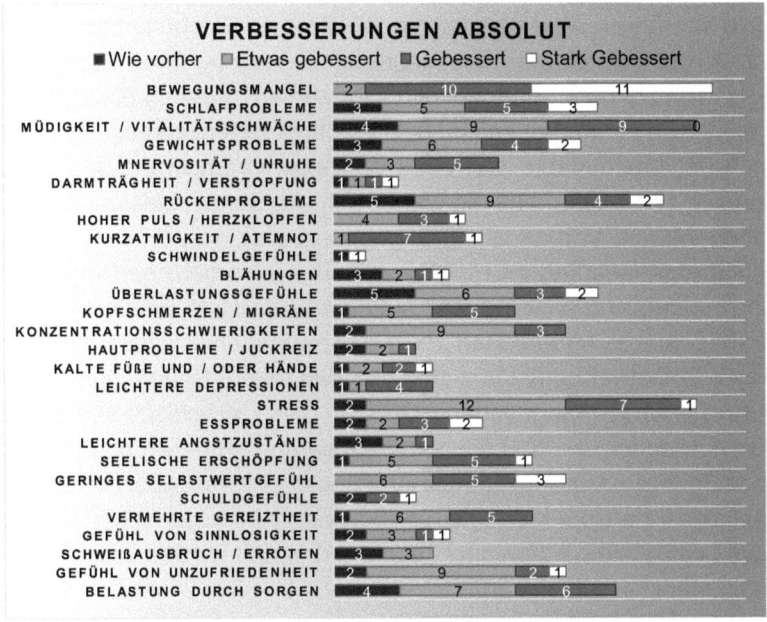

Abbildung 7: Veränderungen der Beeinträchtigungen nach 12 Wochen (eigene Darstellung)

Dies bedeutet eine prozentuale Verbesserung in folgender Reihenfolge:

Bewegungsmangel	23 TN	100,0%
Stress	20 TN	90,9%
Müdigkeit / Vitalitätsschwäche	18 TN	81,8%
Rückenprobleme	15 TN	75,0%
Geringes Selbstwertgefühl	14 TN	100,0%
Schlafprobleme	13 TN	81,3%
Belastung durch Sorgen	13 TN	76,5%
Gewichtsprobleme	12 TN	80,0%

Fast 91 % der Teilnehmer, die vor der Lauftherapie über Stress klagten, fühlten sich nach drei Monaten Kursteilnahme weniger gestresst. Auch im Bereich von Müdigkeit und Vitalitätsschwäche haben 81,8 % der vorher Betroffenen eine deutliche Besserung ihres Zustandes feststellen können. Sogar bei den Teilnehmern, die sich durch Rückprobleme in ihrem Wohlgefühl beeinträchtigt sahen, konnte ein Drittel nach der Lauftherapie von einer positiven Veränderung sprechen. Von den 17 Teilnehmern, die vorher sich von Sorgen belastet fühlten, haben 14 eine Verbesserung angegeben, was neben der Tatsache der Stressminderung im Hinblick auf die seelsorgerliche Dimension eine bedeutsame Wirkung von Lauftherapie darstellt. Dies gilt ebenso für die positiven Änderungen, die die Teilnehmer hinsichtlich ihres geringen Selbstwertgefühles aufführten. Alle vorher Betroffenen haben Verbesserungen angegeben. Gerade diese psychisch-seelischen Veränderungen, die über die vorhersagbaren Verbesserungen im Bereich Bewegungsmangel (impliziert Fitness und Ausdauer) hinausgehen, sind für unsere Fragestellung besonders interessant und zeigen, dass Lauftherapie schon nach relativ kurzer Zeit auf das gesamte Lebensgefühl hin wirken kann.

Weber kommt in seinen Untersuchungen[200] - durchgeführt mit dem Paderborner Stress-Inventar an einer Zufallsauswahl aus den Jahren 1993, 1995 und 1996/97 (n= 200; Durchschnittsalter der TN = 40; 80% Frauen, 20 % Männer) - zu vergleichbaren Ergebnissen, wenn auch einzelne Items in der Rangfolge etwas divergieren. So stellt auch er fest, dass „*die Veränderungen in den psychologischen Variablen und im gesamten Lebensstil*"[201] ein beeindruckendes Ergebnis darstellen.

Die folgenden Äußerungen der Teilnehmer im Fragebogen „nachher" (Fragen 2a-c) unterstreichen dieses Ergebnis, stellen aber darüber hinaus eine weitere Differenzierung dar.[202]

6.4.2. Ergebnisse aus den Fragenbögen

Unter der Kategorie „**Verändertes Selbstbild**" haben nur 4 Teilnehmer angegeben, dass sich keine Veränderungen nach der Lauftherapie im Vergleich zu vorher ergeben haben.[203] Möglicherweise handelt es sich hierbei um Teilnehmer, die schon vor der Lauftherapie keine Beeinträchtigungen ihres Selbstwertgefühls gesehen haben. Die übrigen 23 Kursteilnehmer geben in dieser Kategorie Veränderungen an. So formuliert zum Beispiel eine Teilnehmerin: „*Ich fühle mich, seitdem ich laufen gehe, viel wohler in meinem Körper und bin dadurch zufriedener gelaunt, was auch mein Umfeld positiv wahrnimmt. Mein Selbstwertgefühl hat sich gebessert, ist gestiegen.*" (TN23w)[204] Diese Teilnehmerin beschreibt, wie sich mit dem Laufen das körperliche Wohlbefinden positiv verändert, was dann Auswirkungen auf ihr seelisches Gleichgewicht und ihr Selbstwertgefühl nach sich zieht, sogar derart, dass es für ihr Umfeld sichtbar wird.

---

[200] Weber, A. (o.J. b), S.3.
[201] Ebd.
[202] Siehe hierzu die Zusammenstellung der Kategorien nach dem Fragebogen „nachher", Anhang, S.152-161. Insgesamt 27 Teilnehmer haben ihren Fragebogen „nachher" abgegeben, 3 sind bei den Interviews berücksichtigt.
[203] Dies sind die Teilnehmer: TN6w, TN15w, TN21w, TN22m. Vgl. Auswertung Fragebogen „nachher" Anhang, S.152-161.
[204] TN23w steht für Teilnehmer 23 weiblich.

Weniger das körperliche Wohlbefinden als vielmehr die körperliche Leistungssteigerung ist für den folgenden Teilnehmer Ausgangspunkt für ein verändertes Selbstwertgefühl: *„Das Selbstwertgefühl wird durch regelmäßiges Laufen und die damit verbundene Leistungssteigerung erheblich gestärkt. Es tut gut zu erleben, dass man wieder in der Lage ist, eine halbe Stunde am Stück zu laufen."* (TN3m) In eine ähnliche Richtung geht die nächste Aussage eines ebenfalls männlichen Teilnehmers: *„Mein Selbstbewusstsein ist gestiegen, da ich jetzt weiß, wenn man etwas erreichen will, muss man Ausdauer haben."* (TN27m) Aber auch eine weibliche Teilnehmerin beschreibt: *„Habe eine Steigerung (ergänzt: meines Selbstwerts) empfunden, durch das Erreichen des Ziels… fühle mich gesünder und leistungsfähiger."* (TN11w) Insgesamt 11 Teilnehmer benutzen das Wort „Stolz" im Zusammenhang mit dem Erreichen des Ziels. Offensichtlich wird das Bild von uns selbst durch die Erfahrung erreichter Leistung positiv verändert, und diese Erfahrung führt sogar zu einem **Gefühl größerer Selbstwirksamkeit**. So kann eine Teilnehmerin fast euphorisch klingend formulieren: *„Ich kann es! Das ist mein Selbstbild, deshalb mein Motto: Ich kann alles schaffen, wenn ich es nur will."* (TN10w) Die meisten anderen Teilnehmer äußern sich dahingehend etwas zurückhaltender, wenn auch durchaus in die gleiche Richtung weisend. So stellt eine Teilnehmerin fest: *„Ich bin positiv überrascht und freue mich, dass ich es durchgehalten und das Ziel erreicht habe. Neues auszuprobieren, sich Herausforderungen stellen (auch mit 50+) lohnt sich. Die Kraft dazu zu spüren, dies möchte ich in andere Lebensbereiche mitnehmen."* (TN12w).

Die Antworten und Empfindungen der Teilnehmer decken sich mit den Ergebnissen vieler empirischer Untersuchungen.[205] Tausch erklärt die Zusammenhänge dahingehend, dass durch das Lauftraining das Wohlbefinden zunimmt und zwar *„aufgrund der vermehrten Gehirndurchblutung, der größeren Leistungsfähigkeit sowie der Ablenkung und Gedankenfreiheit von Sorgen und Grübeleien"*[206]. Dies wiederum führt dazu, dass das Bild von uns selbst günstiger wird und wir

---
[205] Vgl. u.a. Bartmann, U. ([5]2009), S.42-44.
[206] Tausch, R. (1999), S.190.

aufgrund der erfahrenen Leistungssteigerung ein Bild größerer Selbstwirksamkeit in uns tragen. Die Folge ist, dass die Erregung in schwierigen Belastungssituationen vermindert wird. Tausch zieht das Fazit, dass ein günstiges Selbstbild und das Konzept der Selbstwirksamkeit für die seelische Gesundheit zentral sind.[207] Wenn der Mensch das Gefühl hat, eine anfänglich schwierige Situation, wie das Lauftraining, zu bewältigen, führt das auch zu einem größeren Kontrollempfinden in anderen Lebensbereichen. Oder wie es Weber zusammenfasst: *„Diese Gewissheit aus einem neu erlebten Kontrollgefühl stärkt die Selbstheilungskräfte."*[208] So tragen diese seelischen Erfahrungen und körperlichen Vorgänge dann auch zu einer Veränderung des Lebensstils bei.

Äußerungen in Richtung Lebensstil-Veränderung finden sich in den Fragebögen in der Kategorie „**Veränderter Umgang mit sich selbst**". So schreibt eine Teilnehmerin: *„Die Lauftherapie hat mir gezeigt, dass ich achtsamer mit meinem Körper umgehen sollte."* (TN6w). Eine andere formuliert: *„Ich gehe nun bewusster mit mir um, auch bei meiner Ernährung hat sich etwas geändert. Ich greife eher zu Obst als zu Süßigkeiten, und diese Entscheidungen machen mich glücklicher."* (TN23w) Auch die folgende Teilnehmerin spricht von einem veränderten Essverhalten: *„Ich esse nach wie vor gerne, aber bewusster. Versuche Fettes wegzulassen. Nehme gesunde Fette..."* (TN4w) Eine weitere Teilnehmerin formuliert es noch etwas genereller: *„Seitdem ich laufen gehe, fühle ich mich seelisch und körperlich viel besser und befreiter und führe ein gesünderes Leben."* (TN16w)

Auch in diesen Aussagen spiegeln sich bisherige Erkenntnisse wieder. So stellt Weber fest, dass das eigentlich Besondere der Lauftherapie die sogenannten Nebenwirkungen sind: *„der Stress-Abbau, die Veränderung der Essgewohnheit, der Figur, der Sinneswahrnehmung"*[209]. Psychologisch gesehen sucht der Mensch, so Tausch[210],

---
[207] Ebd.
[208] Weber, A. (2013), S.10.
[209] Weber, A. (2013), S.11.
[210] Vgl. ebd.

zunehmend diesen Zustand des seelisch-körperlichen Wohlbefindens, der mit dem Laufen einhergeht, und er unterlässt vieles, was dieses Wohlgefühl beeinträchtigen könnte wie Rauchen, Alkohol oder zu starke Fetternährung. Außerdem scheint Laufen die Selbstwahrnehmung des Körpers zu fördern bzw. aufmerksamer auf die „Weisheit des Körpers" zu reagieren.[211]
In diesen Zusammenhang kann auch der Aspekt „Zeit für mich selber nehmen" gestellt werden, der ebenfalls unter dieser Kategorie „veränderter Umgang mit sich selbst" zur Sprache kommt. So berichtet eine Teilnehmerin: *„Ich habe durch die Lauftherapie gelernt, mir selbst Zeit zu nehmen und fühle mich dabei sehr gut."* (TN20w)

Die **Veränderungen in weiteren Lebenszusammenhängen** werden unter der Kategorie „Veränderungen im Alltag" benannt. Dort erzählt eine Teilnehmerin: *„Dadurch dass man weniger überlastet und gestresst ist, hat man mehr Zeit für Familie und Freunde."* (TN14w) Eine andere Teilnehmerin stellt fest: *„Ich versuche mich mehr mit Menschen zu umgeben, die mir gut tun, z.B. meine Laufpartner."* (TN5w) Ein Teilnehmer kann sogar von folgender Veränderung berichten: *„Mir geht es insgesamt besser und das wirkt sich auf alle Lebensbereiche aus. Eine Kollegin sagte neulich: „du strahlst etwas aus" – ob das jetzt nur an der Lauftherapie lag oder auch an sonstigem, kann ich nicht sagen, aber das Laufen hat eine Rolle gespielt."* (TN22m) Eine andere Teilnehmerin benennt Auswirkungen auf die Schule: *„Meinen Freunden ist es aufgefallen, dass ich besser gelaunt bin und ich wurde sogar darauf angesprochen, ob ich abgenommen hätte. In der Schule fühle ich mich auch weniger unter Druck gesetzt und gestresst."* (T23w)

Das sich insgesamt ihre **Lebensqualität verbessert** hat, beschreibt explizit die folgende Teilnehmerin: *„Ich hatte nicht so viel erwartet, wollte was für mich tun und ‚versuchen zu laufen'. Nie hätte ich gedacht am Ende 30 Minuten laufen zu können und das mit Freude. Meine Lebensqualität hat sich erheblich verbessert, der Gedanke,*

---

[211] Vgl. Weber, A, (2013), S.15.

bald sterben zu müssen, ist weg und ich bin gespannt, was Gott noch alles mit mir vorhat. Ich schaue nach vorne!" (TN5w)

Die hierin enthaltene Äußerung *„der Gedanke, bald sterben zu müssen, ist weg"*, kann nur als Einzelaussage betrachtet werden, impliziert aber auch eine individuelle Wirkung auf psychischer Ebene. Sowohl eine Angstminderung als auch ein Umdenken lassen sich daraus ablesen. Letzteres vielleicht ähnlich in der Ausrichtung wie die Äußerung einer anderen Teilnehmerin, wenn sie unter der Kategorie „Veränderter Umgang mit sich selbst" schreibt: *„Ich denke nicht mehr negativ über mich. Ich quäle mich nicht mehr. ‚Du hast es gut gemacht!' Ist nun ein oft verwendeter Satz von mir."* (TN10w)

Auch wenn nicht genau zu eruieren ist, ob sowohl die Ängste von Teilnehmerin TN5w als auch die negativen Gedanken von Teilnehmerin TN10w vor der Lauftherapie ihren Ursprung in einer depressiven Verstimmung hatten, kann doch aufgrund der beiden Äußerungen zumindest von einer **stimmungsaufhellenden Wirkung des Laufens** gesprochen werden.

Stoll und Ziemainz weisen in diesem Zusammenhang auf die von Brené et al. (2007) durchgeführten tierexperimentellen Studien hin, die belegen, dass durch Laufen das gehirneigene Belohnungssystem aktiviert wird und es zur Ausschüttung des angenehm wirkenden Botenstoffes Dopamin kommt. Somit wirkt aerobes Laufen stimmungsaufhellend oder sogar antidepressiv.[212]

Im Kontext von Lauftherapie und depressiver Verstimmung sei überdies auf Reule und Bartmann hingewiesen. Sie stellen in ihrem Beitrag „Joggen zur Behandlung von Depressionen" 35 Untersuchungen dar, die allesamt – wenn auch in unterschiedlicher Deutlichkeit – *„einen positiven Zusammenhang zwischen Joggen und niedrigen Depressionswerten aufweisen".*[213]

Für den Zusammenhang dieser Untersuchung sei schließlich neben der bereits zitierten Aussage von Teilnehmerin TN5w (*"…und ich bin gespannt, was Gott noch alles mit mir vorhat. Ich schaue nach*

---
[212] Vgl. Stoll, O./ Ziemainz, H. (2012), S.31.
[213] Reule, B./ Bartmann, U.(2009), S.12. Vgl. auch den aktuellen Stand der Forschung bei Stoll, O./ Ziemainz, H. (2012), S.29-39.

vorne!"), auch noch eine weitere Person angeführt, die die **Veränderung ihres Selbstwertes** ebenfalls mit **der Erfahrung von Transzendenz** zu verbinden weiß. Sie schreibt: *„Ich nehme vieles bewusster wahr. Gott hat mich so gemacht, wie ich bin. Ich bin wertvoll."* (TN16w)

Das bei den positiven Erfahrungen auch die Gruppendynamik eine wichtige Rolle spielte, soll hier nur erwähnt, und unter 6.6. noch ausführlicher erörtert werden.

6.4.3. Ergebnisse aus den Interviews[214]

Die Aussagen der im Interview Befragten gehen in eine ähnlich positive Richtung wie die der Fragebögen. So wird ebenfalls das **Zusammenwirken von erreichtem Ziel und Selbstwert** in Worte gefasst. Carmen formuliert zum Bespiel dahingehend: *„Ich fand das toll, ich war begeistert von mir selbst, dass ich es wirklich geschafft habe."* (Z11/12)

Anders als in den Fragebögen werden im Interview nun aber noch konkrete Dinge zur Sprache gebracht. So erzählen etwa Antje und Carmen von einigen **gesundheitlichen Problemen und entsprechenden Veränderungen**. Antje berichtet beispielsweise: *„Also, ich bin auf alle Fälle von der Ausdauer her schneller, halte jetzt länger durch, wenn ich zum Beispiel Zeitung austrage. Und halt auch vom Gewicht her, was ich da verloren habe."* (Z 30-32) Auf mein Nachfragen hin, gibt sie an, nun beim siebten Kilogramm angekommen zu sein. Noch markanter sind die Veränderungen von Carmen: *„Ja, für mich war es das Ziel so ganz am Anfang, dass ich von meinen Tabletten wegkomme, die ich wegen meinem hohen Blutdruck nehmen musste. Das habe ich geschafft. Ich kann die eine Sorte Tabletten weglassen und auch mein Cholesterinsenker ist jetzt weg."* (Z 36-39) Diese Aussage deckt sich mit zahlreichen Studien, die belegen, dass

---

[214] Siehe Interviews, Anhang S.162ff und Kategorisierung der Interviews, Anhang S.172ff. Die Angaben in Klammern geben die Zeilenangabe des jeweiligen Interviews wieder.

durch Lauftraining bei einigen Krankheiten die medikamentöse Versorgung reduziert werden kann.[215] Darüber hinaus gibt Carmen an, dass sie besser schläft (Z 42/43) und sich ebenfalls ihr Gewicht reduziert hat, die genaue Zahl benennt sie nicht, aber an den Kleidern könne man es schon merken (Z 43-45). Auch diese beiden Wirkungen des Laufens sind vielfach belegt.[216] Sie zeigen zum einen, dass Laufen hervorragend dazu geeignet ist, den sogenannten Bewegungsmangelkrankheiten entgegen zu wirken und ebenso eine effektive Möglichkeit darstellt, zu einem gesunden und natürlichen Schlaf zu kommen.

Dass das Laufen ihr im **Umgang mit schwierigen Belastungen** geholfen hat, bringt darüber hinaus Jessica zum Ausdruck: *„Aber zum Beispiel Trauer hat man durch das Laufen auch schon ein bisschen verarbeitet."* Auf mein Nachfragen hin erläutert sie: *„Ja, dass ich einen Menschen verloren habe. Und die Sache mit dem Buchstaben auf dem Bändchen, da konnte ich dann auch nochmal über einige Personen nachdenken."* (Z 35-40) Diese Aussage unterstreicht, dass Lauftherapie bei Belastungen des Lebens positiv unterstützend wirken kann.[217] Jessica spricht aber in diesem Zusammenhang auch einen geistlich-meditativen Impuls (das Gebetsbändchen) an, der ihr bei der Verarbeitung ebenfalls zur Hilfe wurde. Davon und von weiteren spirituellen Aspekten wird im nächsten Abschnitt (6.5.) noch zu reden sein.

6.4.4. Zusammenfassung der Ergebnisse
Nach Darstellung und Diskussion der Ergebnisse ist für den Zusammenhang von Seelsorge und Lauftherapie hier Folgendes festzuhalten:
Die Äußerungen der 30 Teilnehmer, die sich durch das Paderborner Stress-Inventar, den weiteren Fragebogen „nachher" oder die Interviews zu Wort gemeldet haben, stehen im Einklang mit den bisherigen Erkenntnissen lauftherapeutischer Wirkungen. Demnach fühlen

---
[215] Siehe z.B. Gerstenköper, B. (2008), S.18-22.
[216] Vgl. u.a. Bartmann, U. (^{5}2009), S.31-33 und 19f.
[217] Vgl. auch Weber, A. (2013), S.24.

sich Läufer/innen – unabhängig vom Alter, vom Beruf oder sozialem Status – nach der Behandlung mit dem DLZ-Standard-Laufprogramm insgesamt gesünder und leistungsfähiger; sie sprechen von der Verbesserung ihres seelischen Gleichgewichts und der Stärkung des Wohlgefühls. Ausgeglichenheit und ein gesteigertes Selbstwertgefühl werden ebenso benannt wie eine größere Widerstandfähigkeit in Stress- bzw. Belastungssituationen.

Wie schon in den theoretischen Grundlegungen ausgeführt, ist Lauftherapie keine Seelsorge; sie kann aber, das belegen die Ergebnisse, seelsorglich wirken und auf ihre Weise zu einer positiven Veränderung des Lebensstils beitragen. Durch die wechselseitige Beziehung zwischen Körper und Seele hilft sie Spannungen zu lösen und Emotionen und Gedanken in eine positive Richtung zu beeinflussen.[218] So gesehen entspricht sie der in der seelsorgerlichen Begleitung angestrebten Selbstsorge des Menschen, auch in dem von Huber nahegelegten Gedanken einer „Bewahrung der Schöpfung".[219]

Da seelsorgliches Handeln an kein spezielles Reglement gebunden ist, sondern sich lediglich Gott verbunden und den Menschen zugewandt weiß, kann sie auch mit therapeutischem Laufen im Kontext von Gemeindearbeit zum Wohle der anvertrauten Menschen verbunden werden. Das andere Setting der Lauftherapie ist dabei eine gute Gelegenheit, Menschen auch außerhalb der sonst üblichen Strukturen wahrzunehmen und zu begleiten.

Im Sinne einer „systemischen Therapie" haben beide ihren besonderen Wert, zielen sie doch je auf die Gesundheit des Menschen im ganzheitlichen Sinn. Darüber hinaus kann Seelsorge zur Lauftherapie hinführen, und Lauftherapie andererseits kann Menschen den Weg in die Seelsorge eröffnen. Auch dies kann im Rahmen von Gemeindearbeit ein sinnvolles Zusammenwirken sein. Ob nun die „spirituelle Dimension", die ja auch in der Seelsorge eine Rolle spielt, eine weitere Verstärkung des gesundheitsfördernden Aspektes darstellt, soll im Folgenden untersucht und diskutiert werden.

---

[218] Vgl. auch Weber, A. (2013), S.15.
[219] Siehe unter 3.1.2.

6.5. Wirkungen im Bereich „Spiritualität" und „Lauftherapie"

Diesem Abschnitt soll zunächst eine Aussage der Teilnehmerin Steffi vorangestellt werden. Sie äußerte sich im gemeinsam gestalteten Gottesdienst zu ihren Erfahrungen mit der Lauftherapie mit folgenden Worten:

„Ein zweites Bild hat uns Manuela mitgeben: ‚Du stellst meine Füße auf weiten Raum'. Und diesen Raum konnte man nicht nur sehen, sondern auch fühlen. Man hat sein Gegenüber ... wahrgenommen, man nimmt Gott wahr, indem man nicht nur das Große sieht, auch das kleine Winzige, was er erschaffen hat, im Wald, in der Natur. All das hat sie uns nahe gebracht, man konnte wirklich Gott nahe sein. Es war wie ein Fenster! Und wir waren alle irgendwie am Malen eines Bildes, wo jeder seinen Platz hatte, wo alles erst wirr durcheinander lief, und es war dann geordnet. Wenn jetzt einer fehlen würde, wie bei einem Bild, wo man ein Puzzleteil heraus nimmt, dann wäre immer ein Loch da. Und so ergab es ein Ganzes. Das war das Laufen."

In diesem Zitat werden auf sehr eindrückliche Weise die verschiedenen Ebenen christlicher Spiritualität angesprochen: Zunächst die Körpererfahrung (sehen und vor allem „fühlen"), sie wurde für die Teilnehmerin im angeführten Beispiel durch ein biblisches Bild initiiert („Du stellst meine Füße auf weiten Raum"). Der spirituelle Aspekt des „Um-sich-schauens" vollzog sich für sie in der „Wahrnehmung des Gegenübers" bzw. der Gruppenerfahrung, die sie als gemeinsames Kunstwerk (Bild) darstellte, an dem jeder mitgestaltete, und bei dem jeder wie bei einem Puzzle seinen besonderen Platz und Wert hatte. Auch der gruppendynamische Prozess wird angesprochen: Erst war alles wirr, dann nachher geordnet. Diesen Gedanken stellt sie die Erfahrung des „Über-sich-Schauens" voran, indem sie von der Wahrnehmung Gottes spricht, der sowohl in der Größe als auch Winzigkeit der Natur, die er geschaffen hat, erfassbar war. Die Natur wurde zu einem „Fenster" für die „Gottesschau"; aber auch das Empfinden der Nähe Gottes wurde von der Teilnehmerin explizit artikuliert.

Christliche Spiritualität hat, wie unter 4.2.1. ausgeführt, die Aufgabe, Menschen das Wort Gottes so erfahren zu lassen, dass sie sich als Bild Gottes neu verstehen und ihre Umwelt als Schöpfung sehen. Steffi B. hat ihrer Äußerung nach eine solche Erfahrung machen dürfen. Die beschriebene Verbundenheit und das Eins-sein (mit Gott, der Natur und der sozialen Mitwelt) bezeichnet Bucher auch als *„connectedness"*[220]. Sie würdigt er als Kernstück von Spiritualität insofern, *„als sie unterschiedliche Bezugsgrößen einbeziehen kann, vertikale und horizontale"*.[221]

Wie erging es nun aber den anderen Teilnehmern? Welche „Bezugsgrößen" werden von ihnen benannt im Zusammenhang mit der Lauftherapie, die mit geistlich-meditativen Impulsen kombiniert wurde?

6.5.1. Ergebnisse aus den Fragebögen

Die folgende Abbildung gibt zunächst wieder, wie die Teilnehmer vor der Lauftherapie ihre „Spiritualität" einordneten.

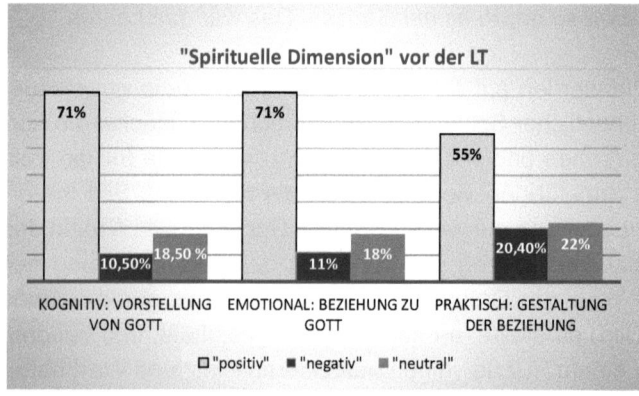

Abbildung 8: Aussagen zur „Spiritualität" der Teilnehmer/innen vor der LT (eigene Darstellung)

So gaben vor der Lauftherapie[222] 71% der Teilnehmer an, dass sie eine positive **Vorstellung von Gott** haben, bei 10,5% wiesen die angekreuzten Antworten auf ein eher negativ besetztes Gottesbild, 18,5 % ließen eine klare Stellungnahme offen und kreuzten „weiß nicht" an.

---
[220] Bucher, A. A. (2007), S.26.
[221] Bucher, A. A. (2007), S.28.
[222] Siehe Fragebogen „vorher": Beziehung zu Gott, Anhang, S.136.

Bei den Fragen, die sich auf die **emotionale Beziehung zu Gott** bezogen, verhielt sich der prozentuale Anteil in ähnlicher Weise: 71 % gaben eine „positive" Beziehung an, 11 % eine „negative", 18% eine eher „neutrale". Bei den Angaben zur **spirituellen Praxis** äußerten 55%, dass sie eine derartige Praxis kennen und pflegen; hier war zum Beispiel gefragt, ob die Teilnehmer beten oder meditieren. 20,4 % verneinten die Aussagen, 22 % beantworten mit „weiß nicht", was entweder darauf hinweisen kann, dass ihnen Gebet und Meditation nicht bekannt sind, oder dass sie diese so selten in Anspruch nehmen, dass ein klares „stimmt" nicht gerechtfertigt war.[223]

Für die Ausgangssituation vor der Lauftherapie bedeutet dies, dass immerhin fast **30% der Teilnehmer** weder ein eindeutig positives Gottesbild, noch eine eindeutig positive Beziehung zu Gott hatten. **Etwas weniger als die Hälfte der Teilnehmer** pflegte keine oder keine regelmäßige spirituelle Praxis.

Da der Fragebogen „nachher", wie bereits erläutert, nicht mehr die gleichen Items abfragt, sondern Raum gibt, für persönliche Äußerungen, kann nur ein indirekter Vergleich von vorher und nachher stattfinden, bei dem das Augenmerk auf die von den Teilnehmern selbst angegeben Veränderungen gerichtet ist.

Welche Kategorienbesetzung nehmen also die Teilnehmer selbst vor in der Kategorie „Spirituelle Dimension"?[224]
Zunächst muss erst einmal festgehalten werden, dass 5 Teilnehmer bei der Frage nach einer Veränderung im Gottesbild bzw. in der Gottesbeziehung mit „keine Veränderung" antworteten: TN1w, TN7m, TN9w, TN14w, TN24w und weitere 4 Personen äußerten sich gar

---

[223] Alle prozentualen Angaben belegen darüber hinaus auch, dass Spiritualität nicht an eine Institution gebunden sein muss, denn wie unter 5.4.2. dargestellt, gaben etwas mehr als die Hälfte der Teilnehmer an, keinen oder kaum einen Kontakt zu Kirchengemeinde zu haben. 20 % von ihnen hatten also unabhängig von kirchlichen Strukturen einen positiven Bezug zur Spiritualität, was noch unter der kybernetischen Dimension anzusprechen ist.
[224] Hierbei geht es um die Fragen 4 und 5 des Fragebogens „nachher". Siehe Anhang, S.138ff.

nicht (TN15w, TN18w, TN19w, TN26w). Nun könnte der Schluss naheliegen, dass dies genau diejenigen Teilnehmer sind (ca. 30%), die beim Fragebogen „vorher" angaben, weder ein eindeutig positives Gottesbild noch eine eindeutig positive Beziehung zu Gott zu haben. Dies trifft aber tatsächlich nur auf drei der genannten Teilnehmer zu (TN15w, TN18w und TN26w). Bei den übrigen Teilnehmern kann also davon ausgegangen werden – TN7m verbalisiert das sogar[225]-, dass sie eine unverändert positiv empfundene Spiritualität vor und nach der Lauftherapie haben; vielleicht hätten diese Teilnehmer noch intensivere Impulse gebraucht, um eine Vertiefung ihres Glaubens erfahren zu können.[226] Im Umkehrschluss bedeutet diese Feststellung aber auch, dass es einige Teilnehmer geben muss, die durch die Lauftherapie „positive" spirituelle Veränderungen erlebten, die sich diesbezüglich vorher eher negativ oder neutral äußerten.

So formuliert zum Beispiel die folgende Teilnehmerin (TN25w), die vor dem Kurs eine negative bzw. neutrale Gottesbeziehung angab: *„Die Lauftherapie hat mich zum Nachdenken angeregt".*
Die nachstehenden Teilnehmerinnen äußerten sich ebenfalls beim Fragebogen „vorher" in eine eher negative oder neutrale Richtung. Nun aber gaben sie Folgendes zu Papier. Teilnehmerin TN6w: *„Zumindest habe ich wieder ein wenig zu Gott gefunden und bin mir bewusst geworden, dass ich mit meinem Körper pfleglicher umgehen sollte."* Teilnehmerin TN8w sagt sogar: *„Sie (die LT) hat mich Gott einige Schritte näher gebracht".* Und Teilnehmer TN13w formuliert es noch persönlicher: *„Ich weiß, dass Gott bei mir ist, wo immer ich auch gehe und wofür ich mich entscheide."* Auch die nächste Teilnehmerin kommt durch die Lauftherapie für sich zu folgender Erkenntnis: *„Mehr Zeit für Gott nehmen; weiß, dass er uns und die Natur lieb hat und wir ihm wichtig sind."* (TN17w) Hier wird sogar ein Zusammenhang zwischen Gottesbeziehung und Selbstwert hergestellt.

---

[225] Zitat Teilnehmer TN7m: „Leider noch nicht erkennbar, aber weiterhin unverändert positiv, weiter verstärkte Konzentration auf das Wesentliche." (s. Anhang, S.161)
[226] Das hätte dann aber wahrscheinlich die „Geistlich Unerfahrenen" wieder etwas überfordert. So musste ich mich für einen Mittelweg entscheiden.

Selbst die folgende Teilnehmerin, die vor der Lauftherapie kein freundschaftliches Verhältnis zu Gott angab, kann nach Abschluss des Kurses sagen: *"Meine Einstellung zu Gott hat es nicht verändert, aber was mir sehr gut getan hat, waren die sehr praktischen Elemente, z.b. die Lasten unter dem Kreuz wirklich ablegen, es war für mich wirkungsvoller als z.b. im Gebet es nur auszusprechen."* (TN21w) Diese Aussage zeigt, dass eine positiv empfundene spirituelle Praxis nicht automatisch mit einer positiven Gottesbeziehung korrespondieren muss. Es kann sein, dass man von Gott enttäuscht ist und doch zugleich eine transzendente Verbundenheit sucht.[227]

Insgesamt deutet die Tatsache, dass diese oben benannten Teilnehmerinnen nach der Lauftherapie derartige Veränderungen zum Ausdruck brachten, bereits eine positive Wirkung im Bereich der „Spirituellen Dimension" an, die nun anhand der übrigen Teilnehmer noch etwas differenzierter darzustellen ist.[228]

Verbundenheit mit Gott
Von einer veränderten Verbundenheit mit Gott spricht zum Beispiel der folgende Teilnehmer (TN3m): *"Die Lauftherapie hat mein Gottesbild wieder etwas zurecht gerückt. Habe das Gefühl, dass Gott mich eingeladen hat, daran teilzunehmen. Ich denke und glaube, meine Erfolge sind sein Geschenk."* In eine ähnliche Richtung geht die Aussage der nächsten Teilnehmerin (TN4w):
"Meine Sichtweise hat sich verändert. Beim Laufen fühlt man sich so befreit, so erleichtert. Der Glaube versetzt Berge und gibt einem Kraft, von der man vorher nicht wusste, dass ich sie besitze." Beide Teilnehmer deuten die in der Lauftherapie gemachten Erfahrungen der Leistungssteigerung bzw. erfahrener Vitalität nicht nur immanent, sondern setzen sie mit ihrem Glauben in Verbindung.
Auch Teilnehmerin TN20w votiert möglicherweise in die gleiche Richtung, wenn sie sagt: *"Es war wohltuend für Körper, Seele und Geist.*

---

[227] Vgl. auch hierzu Bucher, A. A. (2007), S.33.
[228] Um einen besseren Überblick zu erhalten, benutze ich zur Strukturierung das von Bucher aus verschiedenen Qualitativen Studien zur Spiritualität gewonnene Modell der Verbundenheit. Vgl. Bucher, A. A. (2007), S.33f.

Die Mächtigkeit Gottes wurde neu erfahrbar und hat mich beeindruckt."
Ohne ausdrücklich den Bezug zur Körpererfahrung herzustellen, formuliert eine weitere Teilnehmerin: *„Es hat mich Gott noch näher gebracht. Mein Glaube hat an Qualität sehr gewonnen, ich fühle mich begleitet und umsorgt."* (TN5w) Ähnliche Veränderungen in der Beziehung zu Gott bringt die Teilnehmerin TN2w zum Ausdruck: *„(Ergänzt: Gott) ist für mich wieder wichtiger geworden; kann wieder in Kleinigkeiten Gott und sein Tun sehen und erkennen."*

Die Verbundenheit mit Gott kann auch zu einer neuen Sicht im Blick auf den eigenen **Selbstwert** geschehen. So formuliert eine Teilnehmerin (TN16w): *„Ich nehme vieles bewusster wahr: Gott hat mich so gemacht wie ich bin! Ich bin wertvoll. Durch die Gespräche und Impulse werde ich Gott wieder bewusster in den Alltag mit hineinnehmen."* Diese Teilnehmerin bringt zum Ausdruck, was es heißt, „sich als Bild Gottes zu verstehen"[229], nämlich zu erkennen, dass Gott den Menschen „wunderbar und wertvoll gemacht hat".[230] Weniger theologisch ausgedrückt, könnte man mit Bucher sagen: In dem Maße, in dem das Ich in die Verbundenheit mit einem höheren Wesen *„hineintranszendiert, geschieht auch die Realisierung eines Selbst, das mehr ist als das Ich".*[231]

Verbundenheit mit sich selbst und dem großen Ganzen
Von einer Verbundenheit mit sich selbst und zum großen Ganzen spricht die folgende Teilnehmerin: *„(Ergänze: Gottesbild) Nicht verändert, sondern erweitert und vertieft. Schön das „Bild" vom goldenen Faden, vertrauensvoll. Laufen, mich spüren im Einklang und Rhythmus der Natur, tiefe Atemzüge, als kleiner Teil des großen Ganzen (Dust in the Wind v. Kansas), Demut."* (TN12w) In dieser Aussage spiegelt sich wieder, was Bucher mit Selbsttranszendenz umschreibt.[232] Es ist die Fähigkeit, von sich selbst absehen zu können,

---
[229] Vgl. Reitz, P. (2010), S.19.
[230] Vgl. auch Psalm 139,14.
[231] Vgl. Bucher, A. A. (2007), S.30.
[232] Vgl. Bucher, A. A. (2007), S.30f.

sich mit anderem (größerem) verbunden zu fühlen, die stetige Selbstfixierung aufzubrechen. Offensichtlich begünstigt das Laufen eine solche Fähigkeit, sich selbst transzendieren zu können.

Verbundenheit mit der Natur
Im Blick auf die **Naturverbundenheit** spricht Ruschmann darüber hinaus auch von *„horizontalen Transzendierungserfahrungen"*, die *„eine wichtige sinnstiftende Funktion und damit zugleich eine hohe Affinität zu salutogenetischen Faktoren"* haben[233]. In diese Richtung kann man durchaus die folgende Äußerung eines Teilnehmers deuten: *„Der Aufenthalt in der Natur hat etwas sehr Befreiendes für Körper, Geist und Seele! Warum das so ist? Die Natur bewertet nicht!"* (TN3m) Noch konkreter drückt die folgende Teilnehmerin ihre Naturverbundenheit aus: *„Wichtig für mich selbst an der Luft zu sein; tiefes Durchatmen; wichtig für mich: Angewiesen-sein: Natur-Mensch – Mensch-Natur."* (TN2w)

Dass sie durch die Verbundenheit mit der Natur auch eine **Verbundenheit mit Gott als dem Schöpfer** erfahren, haben insgesamt 7 Personen zum Ausdruck gebracht[234]. So zum Beispiel der folgende Teilnehmer: *„Man konnte die Natur, wie sie von Gott geschaffen ist, genießen."* (TN27m)
Gerade dieses Wahrnehmen der Natur als Schöpfung Gottes beschreibt Reitz als wesentliche Aufgabe christlicher Spiritualität.[235]

6.5.2. Ergebnisse aus den Interviews[236]
Auch die im Interview Befragten sprechen von positiven Wirkungen in der Kategorie „Spirituelle Dimension".
Antje berichtet zum Beispiel von dem Gefühl „beschützt zu sein", was sich durch die Lauftherapie konkretisiert hat; außerdem ist Gott ihr zur **Kraftquelle** geworden. (Z 54-57) Carmen äußert sich eher dahingehend, dass sie in der Natur einen **Schöpfer** am Werke sieht: *„Ich*

---
[233] Ruschmann, E. (2011), S.99.
[234] Vgl. die Zusammenstellung, Anhang S.160.
[235] Vgl. Reitz, P. (2010), S.19. Vgl. auch Tödter, R. (²2014), S.61.
[236] Siehe Anhang, S.162ff.

habe mir halt immer so gedacht, wenn man so durch die Natur läuft, da gab es Jemand, der hat das Ganze erschaffen und es ist schön, so wie es ist." (Z 60-61)

Im Unterschied zum Fragebogen wurde im Interview darüber hinaus erfragt, wie es den Teilnehmern mit den **geistlich-meditativen Impulsen** ergangen ist bzw. was ihnen besonders gefallen hat.
Während Jessica, wie bereits unter 6.4.2 beschrieben, das Laufen mit dem **Gebetsbändchen** als besonderes Erlebnis anführte, gaben die beiden anderen Befragten eine mehr körperbetonte Übung an.
So erklärte Carmen: *„Ich fand den Barfuß-Parcours super schön. Das war so ein angenehmes Gefühl, man hat sich richtig getragen gefühlt, also ich kann das nicht so richtig beschreiben, aber ich fand es richtig gut."* (Z 72-74) Auch Antje äußerte sich im Blick auf den **Barfuß-Parcours**: *„Also, ich fand es einfach toll, dass man jetzt wieder anfing, seinen ganzen Körper wahrzunehmen wie beim Fußparcours, dass man wieder an sich denkt und nicht nur an andere denkt, sondern nur für sich da ist und für sein Wohlbefinden, für das man ja auch selber zuständig ist."* (Z 68-71). Hier ist die Selbsterkenntnis der Befragten bemerkenswert, dass man selbst für sein Wohlbefinden verantwortlich ist. So schreibt auch Weber, dass die Teilnehmer der Lauftherapie es akzeptieren und verstehen müssen, *„dass sie selber es sind, die dem Körper Wohltat, vermehrtes Leistungsvermögen, neue Kraft und Stärke geben."*[237] Unter Berücksichtigung der Tatsache, dass sowohl Antje als auch Carmen mit Übergewicht zu kämpfen haben, ist diese Aussage vermehrten Körperbewusstseins besonders hoch einzuschätzen. Dies auch im Hinblick auf die spirituelle Dimension, denn es kennzeichnet christliche Spiritualität, so Reitz, dass der Körper auf dem spirituellen Übungsweg mitgenommen wird. Er ist dabei „das Ehrlichste, was wir haben" und oft ein wesentlicher Anknüpfungspunkt, um sich als Geschöpf Gottes neu zu erfahren und zu verorten.[238]

---

[237] Weber, A. (2013), S.16.
[238] Vgl. Reitz, P. (2010), S.18.

Jessica benennt für sich noch einen zweiten wichtigen geistlichen Impuls, *„das mit den Problemen in den Sack stecken"* (Z 27). Hier fand sie es gut, dass man sich mit seinem Laufpartner über Probleme unterhalten konnte, *„der hat einem dann Tipps gegeben, wie man das Problem lösen kann, das fand ich sehr schön."* (Z 28/29). Jessicas Aussage beinhaltet, dass ihr auch die **Interaktion in der Gruppe** wichtig war, das empathische Einfühlen in die Situation des anderen und die gegenseitige Hilfeleistung. Hieran wird deutlich, dass auch im Bereich der spirituellen Dimension die Erfahrung der Gruppe von nicht geringer Bedeutung ist, was ebenso auf die Lauftherapie selbst zutrifft[239].

„Das war wie so eine Kurz-Kur" (Z 78) resümiert dann schließlich noch Antje im Hinblick auf das Laufen in der Natur, und greift damit - freilich unbeabsichtigt -, meinen anfänglichen Vergleich des Laufens mit dem Pilgern auf. **Laufen und Pilgern** (Gehen) - in Gangart und Körperbewegung zu differenzieren - ermöglichen beide die spirituelle Erfahrung des Unterwegs-seins.[240] Sie können wie ein Urlaub für Körper, Geist und Seele sein, nur mit dem Unterschied, dass das Laufen jeder Zeit und direkt vor der eigenen Haustür beginnen kann.

6.5.3. Zusammenfassung der Ergebnisse
Zwei Drittel der Teilnehmer sprechen von Wirkungen in der spirituellen Dimension, die sie im Zusammenhang mit der Lauftherapie, die mit geistlich-meditativen Impulsen kombiniert wurde, gemacht haben. Offensichtlich scheint das Zusammenwirken von Körpererfahrungen, wie sie das Laufen bereithält, mit den damit verbundenen Naturerfahrungen und den entsprechenden geistlichen Inputs, den Raum für positive spirituelle Erfahrungen zu öffnen bzw. zu begünstigen.
Dies belegt auch Schneider mit seiner Untersuchung. Körperliche Aktivität, so stellt er fest, kann dazu beitragen, dass der Mensch zu der Erfahrung der *„Leib-Seele-Integrität"* kommt, das heißt zu einer *„ganzheitlichen Erfahrung des Menschseins"*. Diese Integrität der

---
[239] Vgl. Weber, A. (2013), S.27-31.
[240] Siehe Einleitung und vgl. auch Zimmerling, P. (2010,2003), S.267f.

Leib-Seele-Einheit, so Schneider weiter, ist der Ort, *"wo der Mensch ganz der von Gott nach seinem Abbild geschaffene Mensch ist, der Mensch in seiner Unversehrtheit"*[241]. Meditatives, spirituelles Laufen bietet also die Möglichkeit einer ganzheitlichen Erfahrung des Menschseins.

Darüber hinaus haben neuere Forschungsbefunde gezeigt, dass *"spirituelle Erlebnisse, sowie regelmäßige spirituell-meditative Praxis, gesundheitsrelevante Effekte nach sich ziehen.*[242] Kohls und Walach kommen sogar nach eigenen Studien zu dem Schluss, dass *"spirituelles Nicht-Praktizieren für Menschen mit fehlender spiritueller Praxis einen gesundheitlichen Risikofaktor darstellen kann".*[243] Dies beziehen sie vor allem auf solche Personen, die vermehrt Verlust- und Unsicherheitserlebnissen ausgesetzt sind, wie zum Beispiel chronisch kranke Menschen.

Bedenkt man nun, dass der Mensch sowohl durch den langsamen aeroben Dauerlauf als auch durch die Erfahrung von Spiritualität Resilienz gegenüber destabilisierenden Faktoren des Lebens entwickeln kann, sind beide im Sinne einer präventiven Maßnahme gesundheitsfördernd.

Insofern kann das Angebot einer „meditativen" Lauftherapie im Rahmen der Gemeindearbeit als eine besondere Bereicherung angesehen werden. Die in der „meditativen" Lauftherapie ermöglichte Glaubenserfahrung ergänzt zudem das *„Glaubenswissen"* in der Gemeinde. Reitz betont die Relevanz solcher Erfahrungsangebote, denn Glaubenswissen ohne lebendige Erfahrung ist *„tote Lehre".*[244]

Hinzufügen muss man an dieser Stelle dennoch den Gedanken, dass sich weder erworbene Fitness noch geistliche Erfahrungen konservieren lassen. Laufen und spirituelles Leben stehen beide vor der stetigen Herausforderung, weiter üben und dranbleiben zu müssen. Nur wer weiter macht, wird sensibel für sich und das Leben und eventuelle Gipfelerfahrungen, die der Lebens-Lauf bereithalten kann.

---

[241] Schneider, S. (2013), S.146.
[242] Kohls, N./ Walach, H. (2011), S.137. Hier findet sich auch eine Auflistung der entsprechenden empirischen Untersuchungen.
[243] Kohls, N./ Walach, H. (2011),, S.141.
[244] Vgl. Reitz, P. (2010), S.20.

6.6. Wirkungen im Bereich „Kybernetik" und „Lauftherapie"

Die bereits in den beiden anderen Bereichen angesprochene Bedeutung der Gruppe soll nun im Zusammenhang mit der Kybernetik detailliert Erwähnung finden. Das geschieht vor dem Hintergrund, dass – wie unter 4.3. erörtert - vor allem gute „Kleingruppen-Strukturen" das Gesamtgefüge von Gemeindearbeit prägen. Auch wenn in der Lauftherapie nur jeweils eine „Gruppe auf Zeit" entsteht, können entstandene Beziehungen auch darüber hinaus tragfähig sein. So stellt sich nun die Frage, wie die Teilnehmer ihre jeweilige Gruppe nach Abschluss der Lauftherapie beschrieben haben. War die Gruppe für die einzelnen Teilnehmer der von mir erhoffte „Schutzraum", Ort gelingender Gemeinschaft?[245]

6.6.1. Ergebnisse aus Fragenbogen und Interviews[246]

Unter der Kategorie „Gruppenerfahrungen" im Fragebogen „nachher" (Frage 3) geben alle 27 Teilnehmer ein positives Statement ab, was bereits aussagekräftig ist im Hinblick auf die Bedeutung der Gruppe im Rahmen von Lauftherapie. Die Aussagen lassen sich aber auch noch bestimmten „Subkategorien", die die vielfältigen Aspekte der Gruppenerfahrung darstellen, zuordnen.

Die Gruppe wird von 12 Kursteilnehmern als **motivierend** beschrieben. So fasst es die folgende Teilnehmerin in Worte: *„In der Gruppe ist man motivierter, regelmäßig Sport zu treiben. Die Gemeinschaft, der Austausch untereinander war positiv."* (TN20w).

Neben der Motivation wird der **gute Zusammenhalt, das Gemeinschaftsgefühl** von 6 Teilnehmern besonders betont. Ein Teilnehmer äußert sich zu seinen Erfahrungen in der Gruppe: *„Sehr angenehm; gegenseitige positive Rückmeldungen, ausgeprägtes Zusammengehörigkeitsgefühl; Mitdenken für andere; erfreuliche altersgemischte*

---

[245] Vgl. unter 4.3.
[246] Siehe Anhang S.162ff.

Laufgruppe." (TN7m) Die altersgemischte Gruppe wird hier positiv bewertet, obwohl nicht gezielt danach gefragt wurde.

Rücksichtnahme ist ein weiteres Thema, das 4 Teilnehmer im Zusammenhang mit ihren Gruppenerfahrungen zur Sprache bringen: *„Das Laufen in der Gruppe fand ich sehr angenehm. Rücksichtnahme wurde sehr groß geschrieben. Habe ich zuvor noch nicht erlebt. Habe mich in der Gruppe sehr wohl gefühlt."* (TN21w)

Darüber hinaus wird die **Möglichkeit von Gesprächen** in der Gruppe von 7 Personen angesprochen. So sagt beispielsweise die folgende Teilnehmerin: *„Die Gruppe ist dabei sehr wichtig, sie macht einem Mut, man hält länger durch, es wird viel gelacht und erzählt. Die persönlichen Gespräche haben richtig gut getan."* (TN8w) Noch detaillierter äußerst sich die folgende Teilnehmerin: *„...manchmal war es nur ein Satz der anderen, der mein Denken in eine andere Richtung gebracht hat. Die sehr schnelle Vertrautheit durch Gespräche, die nicht an der Oberfläche blieben."* (TN18w) Mit diesen Worten drückt die Teilnehmerin eine besondere Funktion der Gruppe aus, die Gruppe als Ort **von Vertrautheit, Tiefgang und Empathie.**

Ein letzter Aspekt ist das Erleben der Gruppe als **Ort der Freude**. 6 Teilnehmer haben das zum Ausdruck gebracht; so beschreibt die folgende Teilnehmerin: *„Man lernt sich kennen, hat Spaß zusammen. Man fühlt sich nicht ausgeschlossen, man ist nicht alleine."* (TN10w).

Die Äußerungen der im Interview Befragten greifen ebenfalls im Zusammenhang mit den Erfahrungen in der Gruppe die Themen „Motivation", „gute Gespräche" und „Rücksichtnahme" auf. Für Carmen war es besonders wichtig, dass es kein Geläster über irgendjemanden gegeben hat, der vielleicht langsamer war. (Z 55/56)

Die gemachten Gruppenerfahrungen während der Lauftherapie deuten darauf hin, dass die Teilnehmer ihre jeweilige Gruppe als eine besondere Gemeinschaft erlebt haben, die sicherlich auch wesentlich zum Gelingen der gesamten Lauftherapie beigetragen hat. Dies entspricht auch den von Weber beschriebenen Erfahrungen: *„Fühlen sich die Kursteilnehmer in ihrer Gruppe akzeptiert, zugehörig, insgesamt wohl, muss man um den Erfolg der Lauftherapie nicht bangen".*[247] Ob darüber hinaus Kontakte entstanden sind, lässt sich nur vermuten. Feststeht, dass immerhin 24 Teilnehmer auf dem Fragebogen „nachher" ankreuzten, dass sie in der Gruppe auch nach Abschluss der Lauftherapie weiterlaufen möchten.

Im Zusammenhang der Interviews war es aber auch noch von Interesse, wie Carmen und Jessica das gemeinsame Erleben in der Gruppe als Mutter und Tochter erfahren haben. Hier bemerkt Mutter Carmen: *„Ja, Jessica und ich, das ist eine Einheit, wir sind uns ziemlich ähnlich, und das war einfach nur schön mit Jessica, einfach intensiv etwas zusammen zu machen. Im Alltag fehlt ja oft die Zeit, oder man macht alles so hektisch, jetzt gleich lieber erst später. Es war einfach nur schön, dass wir mal Zeit zusammen hatten."* (Z20-23)
Jessica bestätigt dies, stellt aber die Lauftherapie in einen noch größeren Zusammenhang, *„...weil ich gemerkt habe, dass nicht nur meine Familie für mich da ist, sondern auch Gott in manchen Sachen für mich da ist..."* (Z 46).
Wenn die Aussagen von Jessica und Carmen exemplarisch zu deuten sind, kann gesagt werden, dass zumindest diese beiden Personen in dieser so durchgeführten Lauftherapie keine Probleme mit einer altersübergreifenden Gruppe hatten.
Im Blick auf diese Untersuchung kann festgehalten werden, dass eine „meditative" Lauftherapie einen weiteren Ort gelebter Gemeinschaft im Kontext von Gemeinde bieten kann. Um allerdings eine Nachhaltigkeit im kybernetischen Sinne belegen zu können, wären längerfristige Studien nötig.

6.6.2. Auswertung der Befragung im Gottesdienst
Wie denkt nun aber die übrige Gemeinde über das neue Angebot von Lauftherapie? Um dies in Erfahrung zu bringen, wurde in dem bereits

---
[247] Weber, A. (2013), S.29.

beschriebenen Gottesdienst eine Befragung der Gottesdienstteilnehmer durchgeführt.

An dieser Befragung (vom 13.7.2014) haben insgesamt 101 Gottesdienstbesucher teilgenommen, davon w= 61, m=35, ohne Angabe 5. Die Altersstruktur wird mit der folgenden Abbildung wiedergegeben.

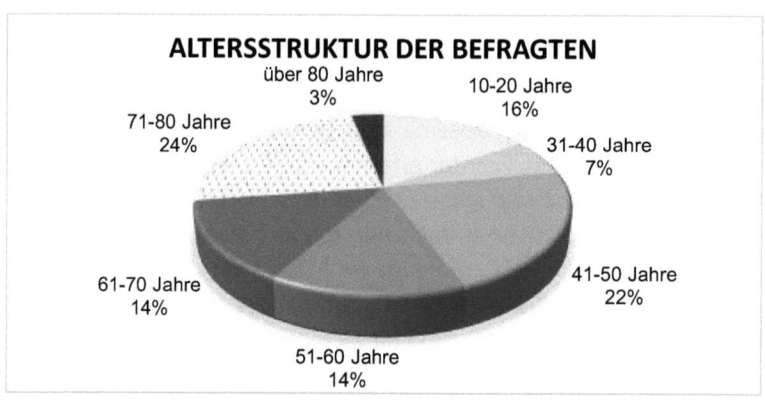

Abbildung 9: Altersstruktur der im Gottesdienst Befragten (eigene Darstellung)

41 % der Gottesdienstbesucher waren bereits über 60 Jahre. Dies legt die Frage nah, ob sich denn auch ältere Gemeindeglieder, die vielleicht noch traditioneller denken, eine Lauftherapie vorstellen können.

Die Gottesdienstbesucher sollten im Fragebogen ihre Sichtweise zur „meditativen" Lauftherapie im Kontext kirchlicher Gemeindearbeit anhand einer Rating-Skala angeben. Dies geschah im Anschluss an das, was die Kursteilnehmer von ihren Erfahrungen mit der Lauftherapie berichteten. Die folgende Abbildung stellt das Ergebnis dar.

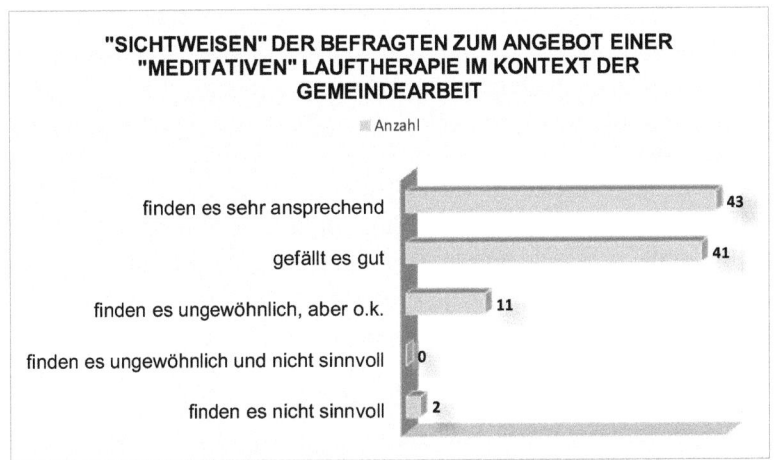

Abbildung 10: „Sichtweisen" der im Gottesdienst Befragten zu einer meditativen Lauftherapie im Kontext von Gemeindearbeit (eigene Darstellung)

Die Befragung zeigt, dass 95 von den 101 Befragten angaben, dass sie sich dieses Angebot von „Lauftherapie" in der Gemeinde gut vorstellen können. Nur zwei Gottesdienstbesucher gaben an, dass sie es für nicht sinnvoll erachteten.

Die Gottesdienstbesucher wurden ebenfalls gefragt, ob sie sich auch eine eigene Teilnahme an einer „meditativen" Lauftherapie vorstellen könnten.

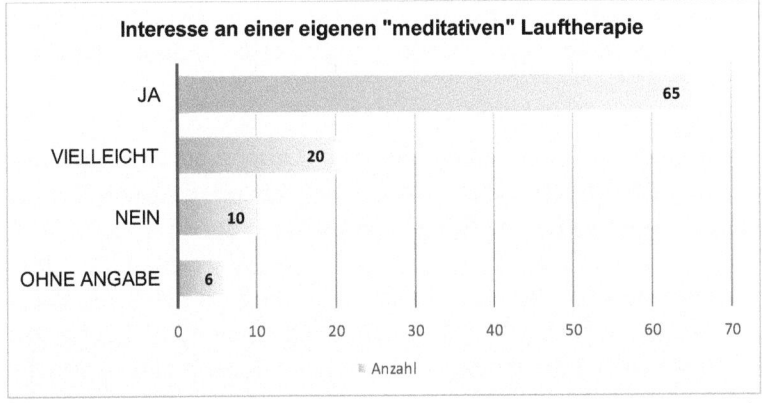

Abbildung 11: Gottesdienstbefragung nach eigener Teilnahme an einer Lauftherapie (eigene Darstellung)

Immerhin 85 Personen votierten in Richtung eigene Teilnahme, bei den 10 Gottesdienstbesuchern, die ‚Nein' ankreuzten, haben 3 hinzugefügt, dass sie, wenn sie noch jünger wären, auf jeden Fall mitmachen würden.

Das Ergebnis dieser Befragung, die natürlich nicht repräsentativ ist, aber doch die gottesdienstliche Gemeinde im Blick hat, ist eine große Ermutigung auch für zukünftige Projekte von Lauftherapie im Kontext der Gemeinden in Dorlar und Atzbach.

6.4.3. Zusammenfassung der Ergebnisse

Mit dem Angebot einer „meditativen" Lauftherapie nimmt Kirche den modernen Menschen mit den ihn bewegenden Themen ernst, wie etwa das Thema „Fitness und Gesundheit" oder „Sinnsuche". Auch Menschen außerhalb der sogenannten „Kerngemeinde" konnten vielleicht gerade deshalb angesprochen und eingeladen werden; ob diese Tatsache Wirkungen auf die Gemeindestruktur vor Ort langfristig nach sich ziehen kann, müsste – wie bereits oben erwähnt- in einer Längsstudie noch erfasst werden.

Die große Zahl der Teilnehmer (32) und der durch die Gottesdienstbefragung erfassten Interessierten (85) lässt die Schlussfolgerung zu, dass der Kontext von Gemeinde die Einladung zu einer geistlich-meditativ ausgerichteten Lauftherapie als pastorales Angebot offensichtlich begünstigt.

Auch wenn in der Lauftherapie nur eine „Gruppe auf Zeit" entstand, sind doch offensichtlich Beziehungen gewachsen, die auch über die Zeit hinaus im Laufen und Glauben verbinden können.

Die Lauftherapie ist darüber hinaus ein Lernfeld für gelebte Gemeinschaft – auch im christlichen Sinne. Denn Läufer sehen in Laufsachen alle gleich aus. Läufer, so bemerkt Tödter[248], legen beim Laufen ihre

---

[248] Vgl. Tödter, R. (²2014), S.32f.

Uniform ab, die sonst alle möglichen Auskünfte über ihren Status, den sozialen Hintergrund, das Einkommen oder die berufliche Tätigkeit gibt. Beim gemeinsamen therapeutischen Laufen findet der Unruhige eine Art Haltepunkt und Ruhepol und der Desorientierte und Erlahmte kommt wieder in Bewegung. Und alle ziehen an einem Strang.

Abgesehen von dem gemeinsam gestalteten Gottesdienst, kam es auch zu weiteren Vernetzungen mit anderen Bereichen der Gemeinde. So habe ich zum Beispiel die älteren Damen der „Frauenhilfe" durch den von mir zusammengestellten Barfuß-Parcours geführt. Die 86-jährige Elfriede K. äußerte daraufhin den Gedanken, ob ich nicht so was wie die Lauftherapie auch für ältere Menschen mit Rollatoren anbieten könnte. Auch wenn alle schmunzelten, wurde doch deutlich, dass die Sehnsucht nach körperlicher Bewegung keine Frage des Alters ist.

Dass auch die Gesamtkirche Interesse an einem solchen Projekt zeigt, wurde daran deutlich, dass sich nach einem kleinen Artikel zum Abschluss der Lauftherapie - verfasst von der Pressereferentin des Kirchenkreises -, relativ zeitnah auch die kirchliche Pressestelle von „epd" ebenfalls für diese Arbeit interessierte.[249]

---

[249] http://www.epd.de/zentralredaktion/epd-zentralredaktion/schwerpunktartikel/mit-talar-und-laufschuh.

7. Fazit

Mit dieser Arbeit sollte gezeigt werden, dass Lauftherapie und Gemeindearbeit miteinander zu verbinden sind - dies exemplarisch an dem von mir in den Kirchengemeinden Dorlar und Atzbach durchgeführten Projekt. Nach der Definition von „Laufen" und „Therapie" wurde zunächst die Lauftherapie nach dem Paderborner Modell vorgestellt. Es folgte ein Blick auf den allgemein-kirchlichen Diskurs zum Thema „Kirche und Sport". Vor diesem Hintergrund wurde dann die Kombination von Lauftherapie und Gemeindearbeit speziell an den drei pastoralen Aufgabenfeldern von Seelsorge, Spiritualität und Kybernetik dargestellt. Dies geschah zunächst anhand der theoretischen Grundlagen; danach wurde das Praxisprojekt beschrieben und schließlich in einer empirischen Untersuchung danach gefragt, inwieweit Lauftherapie wirkt, wenn sie mit geistlich-meditativen Elementen kombiniert und von einer Pfarrerin im Rahmen der Gemeindearbeit angeboten wird. Die Wirkungen im körperlich-seelischen Bereich (seelsorgerlicher Aspekt), im geistlich-spirituellen Bereich und in Bezug auf die Gemeinde (kybernetische Dimension) wurden dann zu evaluieren versucht.

Die hier im Rahmen der empirischen Untersuchung gewonnenen Erkenntnisse im Hinblick auf die Wirkung von Lauftherapie stehen mit den im Zusammenhang des Paderborner Modells durchgeführten Studien im Einklang. Darüber hinaus brachte die Kombination von Lauftherapie und Gemeindearbeit weitere positive Erkenntnisse über Wirkungen im Bereich Seelsorge, Spiritualität und Kybernetik. Ob diese Wirkungen additiv oder integrativ sind, bleibt an dieser Stelle offen und bietet Raum für weitere Untersuchungen.

Ebenso sei noch einmal darauf hingewiesen, dass diese Arbeit nicht repräsentativ, sondern lediglich explorativ ist, so dass sie insgesamt Ansatzpunkt für weitere Studien bietet. Die bereits angesprochene Fortführung einer Längsschnittstudie, um längerfristige Wirkungen von Lauftherapie im Kontext von Gemeindearbeit zu ermitteln, wäre hier zum Beispiel zu nennen.

Für mich persönlich war dieses Projekt eine große Lernerfahrung sowohl im Hinblick auf die praktische Durchführung als auch in Bezug auf das wissenschaftliche Arbeiten. Methodisch wäre vielleicht eine bessere Vergleichbarkeit der beiden Fragebögen „vorher" und „nachher" sinnvoll gewesen, auch bei der Durchführung der Interviews würde ich zukünftig den Befragten noch mehr Raum für ihre narrative Darstellung geben.

Ob ich den Kindern und Jugendlichen in den altersübergreifenden Gruppen ausreichend gerecht geworden bin, kann ich nicht eindeutig beantworten, umso mehr freut mich das Votum der 12-jährigen Tini: *„Ich möchte noch mitteilen: 1. Mach weiter so. 2. Es hat immer Spaß gemacht. 3. Ich kam gerne. 4. Ich werde deine Leitung vermissen. 5. Du hast dich an uns orientiert. 6. Ich glaube, du hattest auch Spaß. 7. Die Geschichten zum Laufen haben gut gepasst. 8. Alles war super!"*

So kann ich selbst am Schluss - als Lauftherapeutin und Pfarrerin - vor allem diesem Votum einer Teilnehmerin zustimmen, wenn sie sagt: *„Es war das „bewegendste" Erlebnis in diesem Frühjahr. Energie, Gesundheit, Mut und Zufriedenheit sind gewachsen."* (TN8w)

Abkürzungsverzeichnis

Abb.	Abbildung
CVJM	Christlicher Verein junger Menschen
SRS	Sportler ruft Sportler
DLZ	Deutsche Lauftherapiezentrum (Bad Lippspringe e.V.)
EKD	Evangelische Kirche Deutschland
KKD	Katholische Kirche Deutschland
LT	Lauftherapie
m	männlich
MHF	Maximale Herzfrequenz
THF	Trainingsherzfrequenz
TN	Teilnehmer und Teilnehmerinnen
w	weiblich
u.U.	unter Umständen
YMCA	Young Men's Christian Association

Abbildungsverzeichnis

Abbildung 1: Bausteine der praktischen Lauftherapie nach dem Paderborner Modell (eigene Darstellung in Anlehnung an A. Weber)... 20
Abbildung 2: Schematische Darstellung der verschiedenen Säulen des Stressmanagements und ihrer Beziehungen zueinander. (Abb. nach Esch, S.28)... 43
Abbildung 3: Altersstruktur der Teilnehmer/innen in % (eigene Darstellung).......................... 52
Abbildung 4: Verbindung der Teilnehmer/innen zu den Kirchengemeinden (eigene Darstellung)........ 52
Abbildung 5: Gesundheitliche Probleme vor der Lauftherapie (eigene Darstellung)........................... 55
Abbildung 6: Beeinträchtigungen/ Belastungen der Teilnehmer/innen vor der Lauftherapie (eigene Darstellung)... 78
Abbildung 7: Veränderungen der Beeinträchtigungen/ Belastungen der Teilnehmer nach 12 Wochen Lauftherapie (eigene Darstellung)... 79
Abbildung 8: Aussagen zur „Spiritualität" der Teilnehmer/innen vor der LT (eigene Darstellung)........ 90
Abbildung 9: Altersstruktur der im Gottesdienst Befragten (eigene Darstellung).................. 102
Abbildung 10: „Sichtweisen" der im Gottesdienst Befragten zu einer meditativen Lauftherapie im Kontext von Gemeindearbeit... 103
Abbildung 11: Gottesdienstbefragung nach eigener Teilnahme an einer Lauftherapie (eigene Darstellung) 103

Tabellenverzeichnis

Tabelle 1: Beschreibung der Teilnehmer/innen von Gruppe 1 (eigene Darstellung).......................... 53
Tabelle 2: Beschreibung der Teilnehmer/innen Gruppe 2 (eigene Darstellung).................... 54
Tabelle 3: Beschreibung der Teilnehmer/innen Gruppe 3 (eigene Darstellung)..................... 55

Bildnachweis

Cover-Rückseite: Foto von Uta Barnikol-Lübeck
Fotos auf den Seiten 62, 66, 69 und im Anhang von der Verfasserin

Literaturverzeichnis

Aderhold, Lutz/ Weigelt, Stefan (2012): Laufen...durchstarten und dranbleiben – Von Einsteiger bis zum Ultraläufer, Stuttgart, 2012.

Albrecht, Thorsten/ Atzbach, Rainer (2006): Elisabeth von Thüringen. Leben und Wirkung in Kunst und Kulturgeschichte, Augsburg, 2006.

Bauer, Michael (2011): Die Seele läuft mit. Die meditative Laufschule für Fitness und innere Harmonie, München, 2011.

Bays, Jan Chozen (^{3}2013): Achtsam durch den Tag. 53 federleichte Übungen zur Schulung der Achtsamkeit, München, ^{3}2013.

Bartmann, Ulrich (^{5}2009): Laufen und Joggen für die Psyche. Ein Weg zur seelischen Ausgeglichenheit, Tübingen, ^{5}2009.

Beck, Hubert (^{7}2013): Das große Buch vom Marathon. Lauftraining mit System, München, 2013.

Birkel, Jörg/ Reymann, Doreen/ Heuck, Ingalena/ Riedel, Christian/ Heibel, Marco (^{2}2013): Lauf-Guide für Frauen. Das maßgeschneiderte Trainingskonzept, München, ^{2}2013.

Bohnsack, Ralf (^{8}2010): Rekonstruktive Sozialforschung. Einführung in qualitative Methoden, Opladen, ^{8}2010.

Bortz, Jürgen/ Döring, Nicola (^{4}2006): Forschungsmethoden und Evaluation für Human- und Sozialwissenschaftler, Heidelberg, ^{4}2006.

Bucher, Anton A. (2007): Psychologie der Spiritualität. Handbuch, Weinheim, Basel, 2007.

Buchhorn, Tomas/ Winkler, Nina (2005): Das Große GU Laufbuch, München, 2005.

Dietrich, Reinhold (o.J.): Entspannung durch meditatives Laufen, Salzburg, o.J.

Dietrich, Reinhold (o.J.): Nach innen laufen, Salzburg, o.J.

Douglass, Klaus (2001): Die neue Reformation. 96 Thesen zur Zukunft der Kirche, Stuttgart, 2001.

Douglass, Klaus (2006): Zum Vertrauen herausgefordert. In: Douglass, Klaus/ Vogt, Fabian: Expedition zum Ich. In 40 Tagen durch die Bibel, Glashütten/ Emmelsbüll, 2006, S.81-89.

Dyckhoff, Peter (2014): Atme auf. 77 Übungen für Körper und Seele, Freiburg im Breisgau, 2014.

EKD Text 32 (1990): Sport und christliches Ethos. Gemeinsame Erklärung der Kirchen zum Sport, Hannover, 1990.

Elisabethpfadverein e.V. (Hrsg.) (^{2}2005): Pilgerführer Elisabethpfad von Frankfurt bis Marburg, Frankfurt, ^{2}2005.

Esch, Tobias (2011): Neurobiologische Aspekte von Glaube und Spiritualität: Gesundheit, Stress und Belohnung. In: Büsing, Arndt/ Kohls, Niko (Hrsg.): Spiritualität transdisziplinär. Wissenschaftliche Grundlagen im Zusammenhang mit Gesundheit und Krankheit, Berlin, Heidelberg, 2011, S.23-36.

Fiedler, Frauke (2013): Religionspädagogik mit Mädchen und Jungen unter drei Jahren in ausgewählten neueren Entwürfen. Eine Untersuchung der theoretischen Bezüge und der religionspädagogischen Praxis. In: Freudenberger-Lötz, P. (Hrsg.): Beiträge zur Kinder- und Jugendtheologie. Band 25, Kassel, 2013.

Flick, Uwe (⁵2012): Qualitative Sozialforschung. Eine Einführung, Hamburg, ⁵2012.

Freudenreich, Delia (2011): Spiritualität von Kindern. Was sie ausmacht und wie sie pädagogisch gefördert werden kann. Forschungsbericht über die psychologische und pädagogische Diskussion im anglophonen Raum. In: Freudenberger-Lötz, P. (Hrsg.): Beiträge zur Kinder- und Jugendtheologie. Band 10, Kassel, 2011.

Friebertshäuser, Barbara (1997): Interviewtechniken ein Überblick. In: Friebertshäuser, Barbara/ Prengel, Annedore (Hrsg.): Handbuch qualitativer Forschungsmethoden in der Erziehungswissenschaft, Weinheim/ München, 1997, S.371-395.

Gerstenköper, Björn (2008): Der Therapie Beine gemacht. Lauftherapie und ihre Einsatzmöglichkeiten in therapeutischen und sozialpädagogischen Zusammenhängen, Hamburg, 2008.

Goertz, Stephan (2008): Sport als Zeichen der Zeit – Beobachtungen und Herausforderungen. In: Mieth, Dietmar/ Müller, Norbert/ Hübenthal, Christoph (Hrsg.): Sport und Christentum. Eine anthropologische, theologische und pastorale Herausforderung, Ostfildern, 2008, S.152-170.

Hofmann, Frank (2011): Marathon zu Gott. Ein spiritueller Trainingsplan. Mit einem Interview mit Margot Käßmann und Tipps zum meditativen Laufen, Gütersloh, 2011.

Hofmann, Frank (28.7.2014): (H)eilige Schrift. 14 bibelkundliche Fakten für Läufer und Christen, die in Bewegung bleiben wollen. In: http://www.spirituelles-laufen/bibelkunde-für-läufer/ (vom 28.7.2014).

http://www.cvjm.de/arbeitsbereiche/cvjm-sport/grundlagen-und-ziele/ (vom 6.8.2014).

http://www.kirchliche-dienste.de/arbeitsfelder/sport/sport-und-theologie (vom 6.8.2014).

http://www.srsonline.de (vom 6.8.2014).

Huber, Stefan/ Klein, Constantin (2011): Spirituelle und religiöse Konstrukträume. Plurale Konstruktionsweisen religiöser und spiritueller Identitäten im Spiegel der deutschen Daten des Religionsmonitors 2008. In: Büsing, Arndt/ Kohls, Niko (Hrsg.): Spiritualität transdisziplinär. Wissenschaftliche Grundlagen im Zusammenhang mit Gesundheit und Krankheit, Berlin, Heidelberg, 2011, S.53-66.

Huber, Wolfgang (2003): Der Sport – ein Vehikel christlicher Werte? Vortrag anlässlich des Jahresempfangs des Nationalen Olympischen Komitees am 10.01.2003. In: http://www.ekd.de/vortraege/huber/030110_huber.html (vom 6.8.2014).

Josuttis, Manfred (1996): Fußball ist unser Leben. Über implizite Religiosität auf dem Sportplatz. In: Fechtner, Kristian/ Grosse, Heinrich (Hrsg.): Religion wahrnehmen, Marburg, 1996, S.211-218.

Kay, Warren A. (2009): Meditieren in Laufschuhen. Laufen spirituell erfahren, Freiburg, 2009.

Kerkeling, Hape (^{34}2007): Ich bin dann mal weg. Meine Reise auf dem Jakobsweg, München, 2006.

Klessmann, Michael (^{4}2012): Seelsorge. Begleitung, Begegnung, Lebensdeutung im Horizont des christlichen Glaubens. Ein Lehrbuch, Neukirchen-Vluyn, ^{4}2012.

Kohls, Nico/ Walach, Harald (2011): Spirituelles Nichtpraktizieren – ein unterschätzter Risikofaktor für psychische Belastung? In: Büsing, Arndt/ Kohls, Niko (Hrsg.): Spiritualität transdisziplinär. Wissenschaftliche Grundlagen im Zusammenhang mit Gesundheit und Krankheit, Berlin, Heidelberg, 2011, S.133-143.

Kroeger, Matthias (³2011): Im religiösen Umbruch der Welt. Der fällige Ruck in den Köpfen der Kirche. Über Grundriss und Bausteine des religiösen Wandels im Herzen der Kirche, Stuttgart, ³2011.

Kuckartz, Udo (²2014): Qualitative Inhaltsanalyse. Methoden, Praxis, Computerunterstützung, Weinheim/ Basel, ²2014.

Lösel, Dirk (o.J.): Therapie und Training, Wettenberg, o.J.

Luijpers, Wim/ Lercher, Heimo (2005): Body Running. Die neue Schule des Ganzkörperlaufens, St.Pöten/ Wien/ Linz, 2005.

Luijpers, Wim/ Luijpers, Mona (2009): BioRunning. Laufen für die Seele. Die Luijpers-Methode nach Feldenkrais, Wien 2009.

Marlovits, Andreas M. (⁴2008): Lauf-Psychologie. Dem Geheimnis des Laufens auf der Spur, Köln, ⁴2008.

Marquardt, Matthias (¹²2012): Die Laufbibel. Das Standardwerk zum gesunden Laufen, Hamburg, ¹²2012.

Mayer, Horst Otto (⁶2013): Interview und schriftliche Befragung. Grundlagen und Methoden empirischer Sozialforschung, München, ⁶2013.

Mayer, Kurt-Martin/ Kunz, Simone (2014): Laufen streichelt die Seele. In: Focus 13/14, 2014, S.102-106.

Mayring, Philipp (⁵2002): Einführung in die qualitative Sozialforschung. Eine Anleitung zu qualitativem Denken, Weinheim, Basel, ⁵2002.

Mey, Günther (2005): Forschung mit Kindern. Zur Relativität von kindangemessenen Methoden. In: Mey, Günther (Hrsg.): Handbuch qualitative Entwicklungspsychologie, Köln, 2005, S.151-183.

Möller, Christian (1997): Kleine Fußball-Liturgie. In: Möller, Christian/ Ulrichs, Hans Georg (Hrsg.): Fußball und Kirche – wunderliche Wechselwirkungen, Göttingen, 1997, S.26-29.

Möller, Christian/ Ulrichs, Hans Georg (Hrsg.) **(1997)**: Fußball und Kirche – wunderliche Wechselwirkungen, Göttingen, 1997.

Möller, Christian (^{3}1993): Wenn der Herr nicht das Haus baut. Briefe an Kirchenälteste zum Gemeindeaufbau, Göttingen, ^{3}1993.

Morgenthaler, Christoph (^{2}2012): Seelsorge. In: Grötzinger, Albrecht/ Morgenthaler, Christoph/ Schweitzer, Friedrich (Hrsg.): Lehrbuch Praktische Theologie. Band 3: Seelsorge, Gütersloh, ^{2}2012.

Page, Oliver (2013): Sport und Spiritualität. Unter besonderer Berücksichtigung der jüdisch-christlichen Spiritualität, Hamburg, 2013.

Reitz, Petra (2010): Sich als Bild Gottes verstehen lernen. Merkmale einer Spiritualität mit evangelischem Profil. In: Spiritualität. Handbuch Gemeinde und Presbyterium, Düsseldorf, 2010, S.17-21.

Reule, Britta/ Bartmann, Ulrich (2009): Joggen zur Behandlung von Depressionen. In: Bartmann, Ulrich (Hrsg.): Fortschritte in der Lauftherapie, Band 2: Schwerpunktthema. Lauftherapie bei depressiven Störungen, Tübingen, 2009, 11-22.

Richter, Klaus (2006): Laufen mit Alexander Weber. In: Bonnemann, Arwed/ Grell, Jochen/ Richter, Klaus (Hrsg.): Laufen und Lauftherapie. Ein Lesebuch, Regensburg, 2006, S.27-32.

Richter, Klaus (1995): Meditation und Laufen. Dargestellt an Fallbeispielen aus einer Lauftherapiegruppe. In: Deutsches Lauftherapiezentrum e.V. (DLZ) (Hrsg.): Praxisreihe „Lauftherapie", Oberhaching, 1995.

Richter, Klaus (2013): Praktische Lauftherapie. In: Deutsches Lauftherapiezentrum e.v. (DLZ) (Hrsg.): Lauftherapie nach dem Paderborner Modell – ein Königsweg zur Selbsthilfe, Bad Lippspringe, 2013, S.38-53.

Richter, Klaus (2013): Systemische Lauftherapie. In: Deutsches Lauftherapiezentrum e.v. (DLZ) (Hrsg.): Lauftherapie nach dem Paderborner Modell – ein Königsweg zur Selbsthilfe, Bad Lippspringe, 2013, S.78-88.

Rütten, Manfred (6.8.2014): Olympiapfarrer auf dem Weg nach Sotschi. Artikel in: Himmel und Erde. Magazin der Kirche. In: http://hue.e-kir.de/hue/C33B21D7ACC544FB8616C42F68DD2AA4.php (vom 6.8.2014).

Ruschmann, Eckart (2011): Spiritualität und Wissenschaft. In: Büsing, Arndt/ Kohls, Niko (Hrsg.): Spiritualität transdisziplinär. Wissenschaftliche Grundlagen im Zusammenhang mit Gesundheit und Krankheit, Berlin, Heidelberg, 2011, 94-100.

Schneider, Nikolaus/ Lehnert, Volker A. (2009): Berufen wozu?. Zur gegenwärtigen Diskussion um das Pfarrbild in der Evangelischen Kirche, Neukirchen-Vluyn, 2009.

Schneider, Stefan (2013): Ist Laufen Beten? Spirituelle Dimensionen sportlicher Aktivität und (neuro-)physiologische Dimensionen christlicher Spiritualität, Dissertation, Bonn, 2013.

Schramm, Martin (2006): Lauffeuer. Das Laufbuch für Körper, Seele und Geist, Wuppertal, 2006.

Schüler, Wolfang W. (2014): Lauftherapie mit Kindern und Jugendlichen. Psychische Gesundheit und Leistungsfähigkeit durch ausdauerndes Laufen. Der Ausbildungs- und Praxisbegleiter. In: Edition Sport und Freizeit. Band 18, Aachen, Wien u.a., 2014.

Spitzer, Giselher (2003): Baron Pierre de Coubertins Konzept der Religion der Athleten und die Rezeption in Kirche und Sport. In: Ulrichs, Hans Georg / Engelhardt, Thilo / Treutlein, Gerhard (Hrsg.): Körper, Sport und Religion – Interdisziplinäre Beiträge, Idstein, 2003, S.67-82.

Stoll, Oliver/ Ziemainz, Heiko (2012): Laufen psychotherapeutisch nutzen. Grundlagen, Praxis, Grenzen, Berlin, Heidelberg, 2012.

Strunz, Ulrich (^{2}2012): Laufend gesund. So mobilisieren sie die heilende Kraft des Körpers, München, ^{2}2012.

Tausch, Reinhard (1999): Stressbelastungen: Bedeutsame Verminderung durch Bewegungstraining. In: Weber, Alexander (Hrsg.): Hilf dir selbst: Laufe! Das Paderborner Modell der Lauftherapie und andere Konzepte für langfristig gesundes und erfolgreiches Laufen, Paderborn, 1999, S.181-192.

Tödter, Regina (^{2}2014): Spirituelles Laufbuch. Spirituelles Laufen in Theorie und Praxis, Norderstedt, ^{2}2014.

Utsch, Michael (2013): Spiritualität in der psychiatrisch-psycho-therapeutischen Praxis: eine verloren gegangene oder wiedergefundene Dimension? In: Ambruster, Jürgen/ Petersen, Peter/ Ratzke, Katharina (Hrsg.): Spiritualität und seelische Gesundheit, Köln, 2013, S.27-47.

Verstegen, Mark/ Williams, Pete (2007): Das Core Ausdauer Programm. Der revolutionäre Trainings- und Ernährungsplan, München, 2007.

Weber, Alexander (1999): Das Paderborner Modell der Lauftherapie. In: Weber, Alexander (Hrsg.): Hilf dir selbst: Laufe! Das Paderborner Modell der Lauftherapie und andere Konzepte für langfristig gesundes und erfolgreiches Laufen, Paderborn, 1999, S.13-53.

Weber, Alexander (2013): Das Paderborner Modell der Lauftherapie. In: Deutsches Lauftherapiezentrum e.V. (DLZ) (Hrsg.): Lauftherapie nach dem Paderborner Modell – ein Königsweg zur Selbsthilfe, Bad Lippspringe, 2013, S.13-37.

Weber, Alexander (2013): Gesund ist der Mensch von unten nach oben – für sein Wohlbefinden braucht er körperliche Bewegung. In: Deutsches Lauftherapiezentrum e.V. (DLZ) (Hrsg.): Lauftherapie nach dem Paderborner Modell – ein Königsweg zur Selbsthilfe, Bad Lippspringe, 2013, S. 8-12.

Weber, Alexander (o.J. a): Paderborner Stress-Inventar. Stress-Diagnose: vorher – nachher, Bad Lippspringe o.J.

Weber, Alexander (o.J. b): Work-Life-Balance. Stress, Stress-Ausgleich und Entspannung (Seminarpapier), Bad Lippspringe o.J.

Weber, Alexander/ Schüler, Wolfgang W. (Hrsg.) (2005): Warum Cooper Arobics erfand. 11 große Theoretiker der Lauf-Gesundheit, Regensburg, 2005.

Zimmerling, Peter (2010): Evangelische Spiritualität. Wurzeln und Zugänge, Göttingen, 2010, 2003.

Hilfsmittel:
Die Bibel nach der Übersetzung Martin Luthers. Lutherbibel Standardausgabe. Bibeltext in der revidierten Fassung von 1984, Stuttgart, 1985.

Gemoll, Wilhelm (^{9}1954): Griechisch-deutsches Schul- und Handwörterbuch, München, Wien, ^{9}1954 (Nachdruck 1985).

Gesenius, Wilhelm (^{17}1962): Hebräisches und Aramäisches Handwörterbuch über das Alte Testament, Berlin, Göttingen, Heidelberg, 1962.

Anhang

Manual – Stundenentwürfe

Themenverzeichnis der „Kurzvorträge"	Themenverzeichnis „meditativen Impulse"	Übungen zur Wahrnehmung und Achtsamkeit
Der richtige Armeinsatz, Läuferdreieck und Handhaltung (1/1)*	„Du stellst meine Füße auf weiten Raum" – „Freiheitslauf" (7/2)	Auf das eigene Tempo achten (1/1)
Die richtige Körperhaltung: Streckung – der „goldene Faden" (1/2)	Nur Geduld – „Geduldsfadenlauf" (8/2)	Laufen wie einer, der... (1/2)
Laufschuhe, Laufsocken und Fußaufsatz (2/1)	Lasten lassen – „Lastenlauf" (9/1)	„Schattenlauf" (2/2)
Rumpfaufrichtung und Beckenstreckung (2/2)	Gott als Coach oder Personal Trainer – „Eigenschaftslauf" (9/2)	„Erdung" (3/1)
Kraftstoff tanken – Atmung (3/1)	Gott beim Laufen sehen – „Landschaftslauf" (10/1)	„Blindlauf 1" (3/2)
Laufbewegung (Abdruckphase, Schwungphase, Aufsatz) (3/2)	Atmen des Lebensgeistes – „Beim Laufen sich mit der Schöpfung verbunden wissen" (10/2)	1 Minuten laufen nach Gefühl (4/1)
Puls und Pulsmessen (4/1)	Alles eine Frage der Gedanken – „Gebetslauf" mit Gebetsbändchen (11/1)	„Blindlauf 2" (4/2)
Ernährung und Verdauung (4/2)	In den Spuren eines anderen laufen - „Pilgerweg-Lauf" (Elisabethpfad) (11/2)	„Blindlauf 3 als Gruppe" (5/1)
Videoaufnahmen - Laufstilanalyse (6/1)	Sein Licht nicht unter den Scheffel stellen – „Mit Selbstvertrauen laufen" (12/1)	„Mannequinlauf" (5/2)
Das Laufen „auf die leichte Schulter nehmen" (6/2)		„Belastbarer werden" (9/1)
Gute Ergänzungen zum Lauftraining (8/1)		„Für den anderen sehen" – Parcours (10/1)
Das Prinzip der „Superkompensation" (8/2)		„Atemübungen" mit Strohhalm (10/2)
		Bewegungen „nachlaufen", erraten (11/1)
		„Auf leisen Sohlen laufen" (11/2)
		„Spinnennetz" (12/1)
		„Reifenlaufen" und „Reifenwandern" (12/2)

*Die in Klammern angegebenen Zahlen weisen auf Woche und Einheit hin

Woche 1

1	Begrüßung, Vorstellungsrunde Übung zur Achtsamkeit Wahrnehmung: **Auf das eigene Tempo achten**. Die TN gehen eine Minute vom Ausgangspunkt fort und sollen dann nach einer Minute auf dem gleichen Weg im gleichen Tempo zum Ausgangspunkt zurückkehren. Kurzvortrag: **Der richtige Armeinsatz, Läuferdreieck, Handhaltung** Übungen zum richtigen Armeinsatz: Fehlhaltungen erspüren: Marionette, Boxer, Lokomotivführer, Glockenklöppel, „Auswringer", richtige Haltung ausprobieren in Kombination mit Schrittfrequenz Aufwärmen und Lockern **Laufen nach dem DLZ-Standard-Laufprogramm**: *2 Minuten Gehen – 1 Minute Laufen (7 Wiederholungen)*, Laufzeit: 7 Minuten Dehnung, Stretching Überreichen der TN-Mappe mit dem Zeitplan der Gruppe und einem Artikel aus der Zeitschrift ‚Focus', Verabschieden.	Literatur: Luijpers, W./Lercher, H. (2005), S.126-131. Lauf-Guide für Frauen (^{2}2013), S.134-136. Luijpers, W.+ M. (2009), S.73-77. Aderhold, L./ Weigelt, S. (2012), 165-168. Beck, H. (^{7}2013), S.63-66. Mayer, K.-M./ Kunz, S. (2014), S.102ff. (Focus).
2	Begrüßung, Frage nach dem Ergehen nach der ersten Einheit, Nachfrage nach Asthmaspray Übung zur Achtsamkeit und Wahrnehmung: Laufen, wie einer, der traurig ist; wie einer, der sich freut; wie einer, der sich stark fühlt... Wiederholung: Der richtige Armeinsatz Kurzvortrag: **Die Körperhaltung**, Strecken, der „goldene Faden", der mich leicht nach vorne und oben zieht Übungen für die Körperhaltung: Übertreiben den Oberkörper nach hinter „legen" und dabei auf den Fußaufsatz achten. Verlagerung des Gewichts nach vorn, Körper strecken und sich nach vorne kippen lassen. Die Füße laufen von selbst los. Aufwärmen und Lockern **Laufen nach dem DLZ-Standard-Laufprogramm**: *2 Minuten Gehen – 1 Minute Laufen (7 Wiederholungen)*, Laufzeit: 7 Minuten Dehnung, Stretching, Verabschieden	Literatur: Luijpers, W./ Lercher, H. (2005), S.40-43. Luijpers, W.+ M. (2009), S.73-77. Aderhold, L./ Weigelt, S. (2012), 165-168. Beck, H. (^{7}2013), S.63-66.

Woche 2

1	Begrüßen, Frage nach dem Ergehen, Nachfrage nach Asthmaspray Kurzvortrag: **Laufschuhe**. Anhand einiger Modell werden die besonderen Funktionen erläutert (dämpfen, stützen, führen). Laufsocken. Übungen zum **Fußaufsatz**: Auf Zehenspitzen laufen, auf den Fersen, Platschen wie in eine Pfütze, schließlich mit den Füßen kurz vor dem Körperschwerpunkt aufsetzen und kleine Schritte machen. Aufwärmen und Lockern **Laufen nach dem DLZ-Standard-Laufprogramm**: *1 Minute Gehen – 1 Minute Laufen (10 Wiederholungen)*, Laufzeit: 10 Minuten; während der Laufeinheit versuchen die TN gemeinsam darauf zu achten, ob ein TN mit dem Fuß nach außen oder innen knickt (begleitende Diagnostik) Dehnung und Stretching Für ihre Mappen erhalten die TN eine Übersicht über die richtige Laufkleidung bei entsprechendem Wetter.	Literatur: Marquardt, M. (^{12}2012), S.292-325. Unterlagen von Urs Weber. Dietrich, R. (o.J.): Nach innen laufen. S.152. Luijpers, W.+ M. (2009), S.73-77. Aderhold, L./ Weigelt, S. (2012), 165-168. Beck, H. (^{7}2013), S.63-66. Luijpers, W./ Lercher, H. (2005), S.165. Materialien: Laufschuhe mit verschiedener Dämpfung, Stütze, Profil
2	Begrüßung, Frage nach dem Ergehen, Asthmaspray Übung zur Achtsamkeit/ Körperwahrnehmung und Koordination: 1) Paarübung: Einer läuft vor, der andere hinterher und macht genau die Bewegungen des Vorderen nach; nach 40 sec Wechsel. 2) Paarübung mit „Miniband" um je ein Fußgelenk: Erst gemeinsam gehen langsam, schneller, evtl. sogar langsam laufen. Kurzvortrag: **Rumpfaufrichtung, Beckenstreckung** Mit praktischen Übungen: Ganz ohne Spannung wie ein „nasser Sack" laufen; dann mit ganz viel Spannung wie ein Flitzebogen (mit Hohlkreuz). Erläuterung der Hohlkreuzproblematik. Übungen für den Rumpfbereich: 1. Becken wippen nach vorne und nach hinten, 2. die „Pole Position" erspüren, 3. mit „Miniband" Übung zur Stabilisierung der Hüfte (Sidesteps), 4. „Treppensteigen". Lockerung des Beckenbereiches: Beckenkreisen, „Brustschwimmen", Aufwärmen **Laufen nach dem DLZ-Standard-Laufprogramm**: *1 Minute Gehen – 1 Minute Laufen (10 Wiederholungen)*, Laufzeit: 10 Minuten. Dehnung, Stretching. Am Schluss Hinweis an die Frauen: **Sport-BH** (Stärke für extreme Belastung)	Literatur: Lauf-Guide für Frauen (^{2}2013), S.137. Luijpers, W/ Lercher, H. (2005), S.52-61. Lösel, D. (o.J.), S.6f. Beck, H. (^{7}2013), S.63-66. Materialien: Minibänder

Woche 3

1

Begrüßung, Frage nach dem Ergehen, Asthmaspray

Übungen zur Achtsamkeit: **„Erdung"** (bewusstes Aufsetzen der Fußsohlen): aufsetzen als wolle man einen Abdruck in einem Lehmboden hinterlassen; aufsetzen wie ein Kind (spielerisch); aufsetzen wie ein Tiger (geschmeidig und kraftvoll zugleich); aufsetzen als wolle man die Erde liebevoll berühren.

Kurzvortrag: **Kraftstoff tanken – Atmung**. 1. Ausatmen ist die Aktion, Einatmen die Reaktion. 2. Tiefe Bauchatmung, statt flache Brustatmung. 3. Durch die Nase einatmen

Übungen zur tiefen Bauchatmung: gegen die Hände, die auf dem Bauch liegen, einatmen; Lauf-ABC: „Einbeinsprünge"

Aufwärmen und Lockern (besonders für die Schulter: „Schulterkreisen", „Schulterklopfen", „Elefantenverbeugung")

Laufen nach dem DLZ-Standard-Laufprogramm: *1 Minute Gehen – 2 Minuten Laufen (7 Wiederholungen), Laufzeit: 14 Minuten*. Während der Laufeinheit sollen die TN auf das bewusste Ausatmen achten.

Dehnung, Stretching. Am Ende erhalten die TN eine Abbildung für ihre Mappen, auf der die „tiefe Bauchatmung" im Vergleich zur „flachen Brustatmung" abgebildet ist.

Literatur:

Dietrich, R. (oJ.): Entspannung. S.48-50.

Luijpers, W./ Lercher, H. (2005), S.140-145.

Marquardt, M. (^{12}2012) S.195.

Luijpers, W.+ M. (2009), S.120ff.

Beck, H. (^{7}2013), S.63-66.
Luijpers, W./ Lercher, H. (2005), S.141.

2

Begrüßung, Frage nach dem Ergehen, Asthmaspray

Übung zu Achtsamkeit und Wahrnehmung: Partnerarbeit - Blindlauf (sehend, nicht sehend, ohne Körperkontakt)

Kurzvortrag: **Laufbewegung** 1. Unterschied zum Gehen; 2. **Übungen zum Erspüren der Bewegung**: a) **Abdruck** zwischen großen und zweiten Zeh; b) **Schwung** (Anfersen probieren); c) **Aufsatz** (Overcrossing und gerader Aufsatz entlang einer Linien)

Übungen zu Koordination und Kräftigung: Knieumarmung, Pillarschritt; Übungen mit dem „Miniband" (Sidesteps, Außenrotation der Hüfte)

Aufwärmen und Lockern

Laufen nach dem DLZ-Standard-Laufprogramm: *1 Minute Gehen – 2 Minuten Laufen (7 Wiederholungen), Laufzeit: 14 Minuten*. Während der Laufeinheit sollen die TN auf den Abdruck achten.

Dehnung, Stretching, Verabschieden.

Literatur:

Luijpers, W.+ M. (2009), S.120ff.

Bunz, W. (2011), S.27-32.

Verstegen, M. (2007), S.121f. 137. Lösel, D. (o.J.), S.6-9

Luijpers, W.+ M. (2009), S.73-77.

Aderhold, L./ Weigelt, S. (2012), 165-168.

Beck, H. (72013), S.63-66.

Materialien:

15 Minibänder

Woche 4

1

Begrüßung, Frage nach dem Ergehen, Asthmaspray

Übung zur Achtsamkeit: 1 Minute subjektiv laufen

Kurzvortrag: **Puls und Puls messen**. 1. Herz ist unser bester Trainer, 2. Ruhepuls erläutern und messen lassen, 3. Max. Puls erläutern und berechnen lassen (Formel: 226 - Alter (Frauen), 220 – Alter (Männer)), 4. THF erläutern (bei Anfängern 60-70 % von der MHF), Zettel mit der von mir jeweils errechneten THF (65% der MHF) verteilen.

Aufwärmen und Lockern. Kräftigungsübungen mit dem „Miniband" (Sidesteps, Gehen mit Miniband, Seitwärtssprung); Lauf-ABC: Anfersen, Prellhopser

Laufen nach dem DLZ-Standard-Laufprogramm: *1 Minute Gehen – 3 Minuten Laufen (5 Wiederholungen)*, Laufzeit: 15 Minuten. Nach der Laufeinheit sollen die TN ihren Puls am Handgelenk messen und mit der errechneten THF vergleichen; nach 3-4 Minuten wird noch einmal gemessen und überprüft, ob der Puls wieder in Richtung Ruhepuls geht.

Dehnung, Stretching, Verabschieden

Literatur:
Schüler, W. W. (2013), S.48f.
Buchhorn, T./ Winkler, N. (2005), S.44-47.
Luijpers, W.+ M. (2009), S.73-77.
Aderhold, L./ Weigelt, S. (2012), 165-168.
Verstegen, M. (2007), S.144,148.
Beck, H. (^{7}2013), S.63-66.

Materialien:
Zettel mit der errechneten THF; Stoppuhr zum Messen, Minibänder

2

Begrüßung, Frage nach dem Ergehen, Asthmaspray

Übung zur Achtsamkeit: Blindlauf (von Endpunkten einer gedachten Linie zueinander laufen)

Kurzvortrag: **Bewegung und Ernährung**. 1. Grundsätzliches: Die Kraft der Verdauung. Verdauung beginnt im Mund, 30-40x Kauen, in entspannter Atmosphäre essen; 2. Bestandteile der Nahrung: Kohlenhydrate, Eiweiße, Fette 3. Sinnvolle Zusammensetzung der Nahrung; 4. Hinweise auf Getränke

Aufwärmen und Lockern. Kräftigungsübungen mit dem „Miniband" (Sidesteps, Seitwärtssprung, Sprinter-übung), Lauf-ABC: Rückwärtslauf

Laufen nach dem DLZ-Standard-Laufprogramm: *1 Minute Gehen – 3 Minuten Laufen (5 Wiederholungen)*, Laufzeit: 15 Minuten. Nach dem Laufen wird der Puls gemessen und 3-4 Minuten danach noch einmal.

Dehnung, Stretching

Literatur:
Strunz, U. (^{2}2012), 71-79.
Luijpers, W.+ M. (2009), S.140-151.
Luijpers, W.+ M. (2009), S.73-77.
Aderhold, L./ Weigelt, S. (2012), 165-168.
Beck, H. (^{7}2013), S.63-66.
http://www.logi-methode.de.

Materialien:
Minibänder
„Logi"-Pyramide und „Laufstilikone" für die Mappen der TN

	Woche 5	
1	**Eigenständige Einheit für die Gruppe:** Aufwärmen und Lockern **Laufen nach dem DLZ-Standard-Laufprogramm**: *4 Minuten Laufen – 1 Minute Gehen (4 Wiederholungen)*, *Laufzeit: 16 Minuten* Dehnung, Stretching	
2	**Eigenständige Einheit für die Gruppe:** Aufwärmen und Lockern **Laufen nach dem DLZ-Standard-Laufprogramm**: *4 Minuten Laufen – 1 Minute Gehen (4 Wiederholungen)*, *Laufzeit: 16 Minuten* Dehnung, Stretching	

Woche 6

1	Begrüßung, Frage nach dem Ergehen und des eigenen Trainings in der Woche zuvor, Frage nach dem Asthmaspray	Literatur:
	Übung zur Achtsamkeit: Blindlauf als Gruppe (Alle laufen im Kreis, legen beide Hände auf die Schulter des Vorderen, stellen eine gleiche Schrittfolge und einen gemeinsamen Rhythmus her und schließen dann die Augen. (3 Minuten)	Dietrich, R. (o.J.): Nach innen laufen. S.142. Luijpers, W.+ M. (2009), S.73-77.
	Aufwärmen und Lockern. Übungen aus dem Lauf-ABC: Rückwärtslaufen, Anfersen	Aderhold, L./ Weigelt, S. (2012), 165-168.
	Laufen nach dem DLZ-Standard-Laufprogramm: *1 Minute Gehen – 5 Minuten Laufen (3 Wiederholungen) + 1 Minute Gehen und 2 Minuten Laufen,* Laufzeit: *17 Minuten.*	Beck, H. (^{7}2013), S.63-66.
	Begleitende Diagnostik: Video-Aufnahmen der einzelnen TN beim Laufen, **Analyse des Laufstils**. Zuvor erbitte ich von jedem TN einen kurzen Rückblick auf die bisherige LT.	Materialien: Videokamera, Stativ
	Dehnung, Stretching. Verabschieden und Verabredung eines Auswertungstermins der Video-Aufnahmen.	
2	Begrüßung, Frage nach dem Ergehen	Literatur:
	Übung zur Achtsamkeit: Mannequinlauf mit Papptellern auf dem Kopf; Balancieren der Pappteller	Schüler; W. W. (2014); S.259. Luijpers, W./ Lercher, H. (2005), S.114-118.
	Kurzvortrag: **Das Laufen „auf die leichte Schulter nehmen"**. 1. Beim Laufen bringen wir den Körper aus dem Gleichgewicht, indem wir Schwerkraft als Laufkraft nutzen; die Beine halten Balance in der Längsachse; 2. Die Schultern sind für das seitliche Gleichgewicht zuständig; 3. Nur lockere Schultern können ungehindert die Impulse von unten über die Wirbelsäule erhalten.	Luijpers, W./ Lercher, H. (2005), S.119-123. Luijpers, W.+ M. (2009), S.73-77. Aderhold, L./ Weigelt, S. (2012), 165-168. Beck, H. (^{7}2013), S.63-66.
	Übungen zum Erspüren der „lockeren" Schultern: 1. Stehstütz (Erspüren, wie sich die Schulterblätter bei Körpervorlage zusammen schieben); 2. Freihändiglaufen a) beide Hände hinter dem Rücken halten, langsam laufen und auf die Pendel-bewegung der Schultern achten, b) beide Hände vorne auf dem oberen Rippenbogen halten und darauf achten wie Schultern und Ellbogen auf die Laufbewegung reagieren.	Materialien: Pappteller zum Balancieren
	Aufwärmen. Schulterkraulen und Schulterklopfen	
	Laufen nach dem DLZ-Standard-Laufprogramm: *1 Minute Gehen – 5 Minuten Laufen (3 Wiederholungen) + 1 Minute Gehen und 2 Minuten Laufen,* Laufzeit: *17 Minuten.* Die TN sollen auf lockere Schultern achten,	
	Dehnung, Stretching. Zu 7/1 treffen sich Gruppen ohne mich.	

Woche 7

2	Begrüßung, Frage nach dem Ergehen Meditative Übung: „**Meine Füße**". 1) Hinführung: **Sprichworte zum Thema** werden gesammelt (z.B. „auf großem Fuß leben", „die Füße in die Hände nehmen", „soweit die Füße tragen"…, ihre jeweilige Bedeutung wird kurz erläutert; auch in der Bibel kommen „Füße" vor, Ideen werden zusammengetragen (z.B. Fußwaschung Jesu). 2) Geistlicher Impuls: Eine biblische Erzählung kann uns besonders dabei helfen, in eine meditative Haltung zu kommen: „**Mose am brennenden Dornbusch**", den Gott bittet seine Schuhe auszuziehen, weil er auf heiligem Boden steht (Geschichte erzählen). Nackte Füße als Zeichen der Ehrfurcht und der Bereitschaft, etwas Neuem und Besonderem zu begegnen. 3) Die TN werden nun gebeten, die **Schuhe auszuziehen** und die beiden folgenden Stationen zu durchlaufen: Die *erste* Station bietet die Möglichkeit, dass jeder für sich einer schriftlichen Anweisung folgend, Einzelübungen für seine Füße absolvieren kann und mit Fragen gedanklich auf das Thema eingestimmt wird. Die *zweite* Station ist ein kleiner von mir zusammen getragener „**Fußsensibilisierungspfad**". Blind und mit nackten Füßen werden die TN über verschiedene Untergründe (Kieselsteine, Stroh, Rindenmulch, „Holzbrücke", Sand, weiche Erde, Wasser, größere Steine im Wasser und Moos) geführt. Eingeleitet mit dem Psalmwort: „Er führet mich auf rechter Straße" (Ps.23,3b) sollen die TN ihre Empfindungen und Erinnerungen an verschiedene Wege ihres Lebens erspüren und gegebenfalls in Worte fassen. Aufwärmen und Lockern **Laufen nach dem DLZ-Standard-Laufprogramm**: *1 Minute Gehen – 6 Minuten Laufen (3 Wiederholungen)*, Laufzeit: 18 Minuten. Bei der zweiten Laufeinheit sollen sich die TN (paarweise) über das Bibelwort austauschen: „**Du stellst meine Füße auf weiten Raum**" (Psalm 31,9b) . Bei der 3. Einheit sollen sie sich die mit dem Psalmwort verbundene **Freiheit** 2 Min. schweigend erlauben, vielleicht hilft dabei auch der Gedanke an einen bestimmten Untergrund (s.o.). Danach Austausch über das Erlebte. Dehnen, Stretching. Verabschiedung	Literatur: Luijpers, W.+ M. (2009), S.73-77. Aderhold, L./ Weigelt, S. (2012), 165-168. Beck, H. ([7]2013), S.63-66. Materialien: *Station 1 - Einzelübungen*: Zettel mit Anweisungen, Decken bzw. Planen, für die TN, die nicht gerne auf der Wiese mit nackten Füßen gehen, Tennisbälle *Station2 -Fußsensibilisierungspfad*: Kisten mit verschiedenen Inhalten: Sand, Kiessteine, Rindenmulch, Wasser, Steine mit Wasser, Stroh, Erde, „Holzbrücke" zum Balancieren, Moos, Handtücher zum Abtrocknen.

STATION 1: Einzelübungen (Schriftliche Anweisung für Station 1 in Einheit 7/2)
1) Suche dir einen Platz auf der Decke, zieh deine Schuhe und Strümpfe aus. 2) Was fällt dir zum Thema „Füße" ein; vielleicht ein Sprichwort oder ein Bibelwort? Denke einen Moment darüber nach. 3) Stelle dich nun hin und lege einen Tennisball unter deinen rechten Fuß. Beginne unter den Zehen und versuche mit kreisenden Bewegungen diese zu massieren, bewege dann den Ball ein Stückchen weiter Richtung Ferse; massiere in kreisenden Bewegungen die nächste Stelle deines Fußes; dies wiederhole solange bis zu bei der Ferse angelangt bist; nun wechsle den Fuß und mache mit ihm dieselbe Übung. 4) Lege den Ball zur Seite, stelle dich aufrecht hin und geh dann auf deine Zehenspitzen, laufe ein wenig auf den Zehenspitzen herum (etwa 20 Schritte), setze den Fuß wieder ab. 5) Hebe nun den vorderen Teil des Fußes in die Höhe, so dass du dich auf der Ferse bewegst; laufe auf den Fersen ein wenig herum (etwa 20 Schritte). 6) Nun wechsel 10x zwischen Zehenspitzenstand und Fersenstand. 7) Versuche als nächstes auf einem Bein zu stehen (ca. 15 sec); wechsle auf die andere Seite (wieder 15 sec.) 8) Stell dich auf ein Bein und versuche nun die Arme und den Rumpf nach vorne zu strecken und das andere Bein nach hinten, so dass dein Körper eine Waage bildet. (Bleibe 15 sec. in dieser Position. Dann wechsle die Seite. 9) Gehe in die „Hocke" – so tief du es gerade kannst, achte aber darauf, dass die Füße komplett am Boden bleiben. Halte die Position 15 sec. 10) Setze dich einen Augenblick hin, denke noch einmal über deine Füße und ihr Vermögen nach.

Woche 8

1	Begrüßung, Frage nach dem Ergehen, Asthmaspray	Literatur:
	Kurzvortrag: Das **Prinzip der „Superkompensation"** und die Gefahr für Laufanfänger, zu schnell zu viel zu machen.	Marquardt, M. (^{12}2012), S.111-113.
	Meditativer Impuls: **„Nur Geduld".** Wir sammeln körperliche **Zeichen der Ungeduld** (z.B.: mit den Fingern trommeln, mit den Füßen wippen, innere Unruhe, Zappeligkeit...) und **mögliche innere Monologe** wie „Jetzt mal hin!", „du musst schnell noch...", „beeil dich".... In vielen **Situationen** neigen wir zur Ungeduld: beim Warten an der Kasse, hinter einem langsamen Autofahrer... Wir stellen fest: Etwas zieht uns permanent in die Zukunft oder wie es Bays nachdenklich in Worte fasst: **„Ungeduld stiehlt uns unser Leben".** Mit sich selbst geduldig sein, heißt sich Zeit zu lassen und sich auch mit den eigenen Begrenzungen zu akzeptieren.	Bays, J. C. (^{3}2013), 169-172. Luijpers, W.+ M. (2009), S.73-77. Aderhold, L./ Weigelt, S. (2012), 165-168. Beck, H. (^{7}2013), S.63-66.
	Übungen zur Koordination und „Geduld" (mit nackten Füßen): 1. Balancieren über ein auf dem Boden liegendes Schaumstoffrohr; 2. Balancieren über ein auf dem bodenliegendes Seil; 3. Steine mit den Fußzehen aufheben; 4. Balancepad: Zwischen Zehen- und Fersenstand 5x wechseln; 5. Fußsohlen mit Tennisball massieren.	Materialien Vorbereitete Graphik mit dem Prinzip der „Superkompensation" Plane, Seil, Schaumstoffrohr aus dem Baumarkt, Kiste, Steine, Balancepad, Tennisbälle Seile, Wollfäden, Garn
	Aufwärmen und Lockern	
	Laufen nach dem DLZ-Standard-Laufprogramm: *1 Minute Gehen – 8 Minuten Laufen (2x) und 1 Minute Gehen – 3 Minuten Laufen*, Laufzeit: *19 Minuten*. Während der Laufeinheiten sollen die TN paarweise einen **„Geduldsfaden"** zwischen sich spannen (1. Seil, 2. Wollfaden, 3. Nähgarn - wird nicht vorher verraten!!), Austausch über Ungeduld.	
	Dehnen, Stretching, Verabschieden	
2	Begrüßung, Frage nach dem Ergehen, Asthmaspray	Literatur: Marquardt, M. (^{12}2012), S.168.
	Kurzvortrag: Hinweise auf **Ergänzungen zum Lauftraining:** Krafttraining, Rumpfstabilisation, Übungen zur Koordination, Lauf-ABC, Stretching, Ausgleichstraining (wie Radfahren, Aquajogging u.a.).	Marquardt, M. (^{12}2012), S.202. 194f. Lösel, D (oJ), S.4-11.
	Übungen zur Rumpfstabilisation 1) mit Medizinball (2kg) im Kreis: Überkopfwürfe, Rumpfaufrichtung, Rumpfrotation; 2) mit „Miniband": Übungen für Abduktoren, Sidesteps im Kreis, Ausfallschritt (Glutaeus), dann: Aufwärmen und Lockern	Luijpers, W.+ M. (2009), S.73-77. Aderhold, L./ Weigelt, S. (2012), 165-168.
	Laufen nach dem DLZ-Standard-Laufprogramm: *1 Minute Gehen – 8 Minuten Laufen (2x) und 1 Minute Gehen – 3 Minuten Laufen*, Laufzeit: *19 Minuten*.	Beck, H. (^{7}2013), S.63-66. Materialien: Medizinball (2 Kg), Minibänder
	Dehnen, Stretching, Verabschieden	

Woche 9

1	Begrüßung, Frage nach dem Ergehen, Asthmaspray	**Literatur:**
	Übung zur Körperwahrnehmung: 1) Jeder TN erhält einen schweren, aber für ihn tragbaren Gegenstand. Nun hält er den Gegenstand so als wolle er sein Gewicht prüfen. Ober- und Unterarme bilden einen rechten Winkel. Für ein bis zwei Minuten halten. (Pause) 2) Der Gegenstand wird mit gestrecktem Arm gehalten, so als wolle man einem Gegenüber den Gegenstand überreichen. Bei beiden Übungen sollen die TN erspüren, welche Körperbereiche beteiligt sind. Hinweis auf die Stärkung der Rückenmuskulatur.	Dyckhoff, P. (2014), S.106f. Beck, H. (^{7}2013), S.63-66. **Materialien:** Hanteln, Gewichts-scheiben, Medizinball
	Aufwärmen und Lockern. Übungen aus dem Lauf-ABC: Anfersen, Kniehub, Prellhobser, Hüpfekästchen	vorbereitete Kärtchen, Stoff-taschen, Seile (Länge etwas mehr wie Bauch-umfang), Kieselsteine
	Meditativer Impuls: „**Lasten**". Die TN werden gebeten, sich auf Karten vorbereitete „Lasten", die sie im Moment empfinden, herauszugreifen (Beruf, Stress, Mobbing, Familie, Gerede, Krankheit, Sorgen, Ängste, ungelöste Konflikte, Finanzen). Die Karten werden in eine Stofftasche gelegt. Die TN sollen nun Kieselsteine dazufüllen, die symbolisch dem Gewicht ihrer Lasten entsprechen. Die Stofftasche wird über einem Seil zusammengerollt und um die Hüfte gebunden.	Station vorbereiten: Kiste, Kreuz, Plakat mit Aufschrift, Wasserflasche
	Laufen nach dem DLZ-Standard-Laufprogramm: *1 Minute Gehen – 12 Minute Laufen (2 Wiederholungen), Laufzeit: 24 Minuten.* Dazu die meditative Übung: „**Lastenlauf**". Zunächst sollen die Teilnehmer in einer Schweigephase, sich der eigenen Lasten bewusst werden: Was trage ich da mit mir herum? Was beschwert meinen Weg, meine Schritte? Nach ca. 4 Minuten können sich die Teilnehmer nun paarweise über die in ihrer Tasche befindlichen „Lasten" unterhalten. Nach weiteren 4 Minuten ca. werden sie während des Laufens dazu aufgefordert, ihre Lasten dem jeweils anderen zu übergeben mit dem Bibelwort: „**Einer trage des anderen Last.**" (Galater 6,2) Die Gespräche dürfen weitergeführt werden mit der Frage, ob sich durch das Wechseln der Last etwas im Hinblick auf die eigene last verändert hat. Nach Ablauf der 12 Minuten gelangen die Teilnehmer an eine vorbereitete Station: Ein Kreuz - darunter eine Aufschrift mit dem Bibelwort: „**Jesus spricht: Kommet her zu mir alle, die ihr mühselig und beladen seid; ich will euch erfrischen.**" (Matthäus 11,28) Daneben steht eine Flasche Wasser. Die Teilnehmer erhalten ihre eigene Last wieder zurück und haben nun die Möglichkeit, sie vor dem Kreuz niederzulegen, sich mit Wasser erfrischen und dann das Laufen mit der zweiten Einheit (12 Minuten) – diesmal ohne Lasten - zu vollenden.	
	Dehnen, Stretching. Gedankenaustausch über das Erlebte. Verabschieden.	

Woche 9		
2	Begrüßung, Frage nach dem Ergehen, Frage nach dem Asthmaspray	Literatur:
		Bauer, M. (2011), S.26.
	Aufwärmen und Lockern. Übungen zum Lauf-ABC: Anfersen, Prellhopser, Seitschritte; Übungen zur Koordination: Hüpfekästchen (Leiter), Sprünge mit einem oder beiden Beinen über die „Minihürden"	Strunz, U. (^{2}2012), S.203f.
		Beck, H. (^{7}2013), S.63-66.
	Meditativer Impuls: **Gott als Coach oder „Personal trainer"**, der unsere Talente und Fähigkeiten fördern möchte – zum Wohle für uns selbst, für unsere Mitmenschen und für die Gesellschaft.	
	Die TN werden nun gebeten, sich eine positive Eigenschaft zu wählen, von der sie denken, dass sie noch eine Portion davon vertragen könnten. Die möglichen Eigenschaften (z.B. Mut, Freundlichkeit, Beständigkeit, Geduld, Barmherzigkeit…) sind auf Kärtchen notiert und hängen an verschiedenen Bäumen zum Wahrnehmen und Aussuchen.	Materialien:
		Leiter, Minihürden
		Kärtchen mit Eigenschaften, Klebeband
	Laufen nach dem DLZ-Standard-Laufprogramm: *1 Minute Gehen – 12 Minute Laufen (2 Wiederholungen)*, Laufzeit: *24 Minuten*. Dazu die meditative Übung: „**Eigenschaftslauf**": In den ersten 3 Minuten sollen die TN in der Stille über die gewünschte Eigenschaft nachdenken. (Z.B. Was bedeutet Mut für mich? Kenne ich mutige Menschen? In welchen Situationen brauche ich mehr Mut?), dann werden sie ermutigt, sich paarweise darüber auszutauschen bis die 12 Minuten erreicht sind. Bei der Gehpause erhalten sie nun den Auftrag nicht mehr über den Mangel, sondern ihre Begabungen nachzudenken und zu sprechen. Dies mit dem Psalmwort: „**Ich danke dir dafür, Gott, dass ich wunderbar gemacht bin.**" (Psalm 139,14a)	
	Dehnen, Stretching. Austausch über das Erlebte. Verabschiedung.	
	Hinweis: Bei der nächsten Laufeinheit treffen wir uns an einem anderen Ort.	

Woche 10

1	Treffen an einem anderen Ort, um für neue Eindrücke offen zu sein.	Literatur:
	Begrüßung, Frage nach dem Ergehen, Frage nach dem Asthmaspray	Kay, W. A. (2009), S.55-61.
		Luijpers, W.+ M. (2009), S.73-77.
	Übung zur Achtsamkeit: **„Für den anderen sehen"**. (Partnerübung) Es wird ein Parcour errichtet (Hürden, Hütchen, Leiter auf dem Boden liegend, Kiste o.ä. zum Balancieren). Ein Partner soll blind durch den Parcour geführt werden – nur den Anweisungen des anderen Partners folgend. Beim Balancieren ist eine direkte Führung mit der Hand erlaubt. Danach Austausch: Wie erging es den „sehenden Führenden" und wie den „blinden Geführten"? Ein mögliches Fazit: Die Perspektive eines anderen einzunehmen, stellt vor Herausforderungen.	Aderhold, L./Weigelt, S. (2012), 165-168. Dyckhoff, P. (2014), S.84. Beck, H. (^{7}2013), S.63-66.
	Meditativer Impuls: **„Gott beim Laufen sehen"**. 1) Geschichte von Kaiser Hadrian und Rabbi Joshua. 2) Vergleich Sonne und Gott: Beide kann man nicht sehen, aber ihre Wirkungen spüren oder in anderen Dingen erkennen. 3) Die eigene Perspektive bzw. Einstellung läßt einen die Dinge so oder auch so sehen (Bsp. „Magisches Bild", in dem man sowohl eine Ente als auch einen Hasen entdecken kann). 4) Im Werk den Künstler entdecken: In der Natur Gott entdecken.	Materialien: Hürden, Hütchen, Leiter, Kiste
	Aufwärmen und Lockern. **Übung für die Augen**: Muskeln unterhalb der Daumen kräftig aneinander reiben bis es warm wird, dann jeweils auf das geschlossene Augen legen (Muskeln haben gleiche Form wie Augenhöhle und geben Wärme an die Augen ab, was für diese entspannend ist.)	
	Laufen nach dem DLZ-Standard-Laufprogramm: *20 Minuten Laufen – 3 Minuten Gehen*, Laufzeit: *20 Minuten*. Die TN werden gebeten sich während des Laufens mit der Frage zu beschäftigen: **Was sagt bzw. was zeigt uns die Natur von Gott als dem Schöpfer?** (Austausch während des Laufens möglich)	
	Dehnen, Stretching. Austausch über den meditativen Impuls.	

Woche 10

2 | Begrüßung, Frage nach dem Ergehen, Frage nach dem Asthmaspray

<u>Übungen zur Achtsamkeit und Wahrnehmung</u>: 1) Atemübung (beim Einatmen Arme waagerecht seitlich ausstrecken, dann langsam über dem Kopf zusammenführen, die Handflächen berühren sich, für 3 Sekunden den Atem anhalten, dann im langen Ausatmen die Arme seitlich sinken lassen und entspannen; Übung mehrmals wiederholen); 2) Die TN sollen mit einem Strohhalm einen Tischtennisball ansaugen und so lange wie möglich hoch halten; 3) In einem großen flachen Behälter mit Wasser liegt ein Tischtennisball; es werden jeweils 2er-Mannschaften gebildet, die gegeneinander antreten und mit Strohhalmen den Ball auf die jeweils andere Seite pusten sollen.

Wiederholung: Die Bedeutung der Atmung fürs Laufen (Woche 3/1)

<u>Meditativer Impuls</u>: „**Atmen des Lebensgeistes**". 1) **Atem = lebenspendend und erhaltend (Lebenskraft)**; Atem = Seismograph für alle seelischen Bewegungen – Redewendungen sammeln (z.B. „außer Atem" – sagt man etwa bei Stress; „Atem wird abgeschnürt" oder „etwas raubt mir den Atem/ die Luft" – bei Angst; „aufatmen" – bei Freude; „dicke Luft" – bei Konflikten); falsches Atmen führt zur Verlust von Lebensenergie, gezieltes Atmen zur Rückkehr der Harmonie von Körper und Geist; 2) **Atem = Geist Gottes** (Ruach, Pneuma) – Hiob 33,4b: „Der Atem des Allmächtigen hat mir das Leben gegeben." Oder 1. Kor.3,16: „Wisst ihr nicht, dass ihr Gottes Tempel seid und der Geist Gottes in euch wohnt"; der Atem ist die selbstverständlichste Verbindung zu Gott; 3) **Atem = Verbindung mit der Schöpfung**; Wechselwirkung zwischen Bäumen und Menschen ($CO_2 - O_2$); Mensch = Teil der Schöpfung.

Aufwärmen und Lockern. Übungen zur Rumpfstabilisierung mit dem Miniband. Lauf-ABC: Anfersen, Seitsprünge.

Laufen nach dem DLZ-Standard-Laufprogramm: *20 Minuten Laufen – 3 Minuten Gehen, Laufzeit: 20 Minuten.* Dabei werden die TN gebeten, bewusst auf ihre Atmung und auf die Verbindung mit der Bäumen bzw. der Natur zu achten. Gespräche sind möglich.

Dehnen, Stretching. Austausch über das Erlebte.

<u>Literatur:</u>

Dyckhoff, P. (2014), S.152.

Bauer, M. (2011), S.95-98.

Bays, J.C. (^{3}2013); 82-85.

Luijpers, W.+ M. (2009), S.73-77.

Aderhold, L./ Weigelt, S. (2012), 165-168.

Beck, H. (^{7}2013), S.63-66

<u>Materialien:</u>

Strohhalme, Tischtennisbälle, flache Wanne, Wasser

Minibänder

Woche 11

1	Begrüßung, Frage nach dem Ergehen, Frage nach dem Asthmaspray	Literatur:

Übungen zur Wahrnehmung und Achtsamkeit: Die TN werden gebeten, sich paarweise aufzuteilen. Jeweils ein Partner wird angewiesen, dem anderen eine Bewegung vorzumachen. Dieser wiederum soll die gleiche Bewegung nachmachen, sich in das Dargestellte einfühlen und es benennen. Dann werden die Rollen getauscht. Bsp: laufen wie ein Cowboy, völlig spannungslos laufen, wie ein lächelnder Kakadu, auf der Außenkante laufen...

Meditative Impuls: **Alles eine Frage der Gedanken.** 1) Schon vor dem Laufen entscheidet mein Kopf darüber, wie ich laufen werde: Bin ich entspannt? Will ich eine bestimmte Leistung erreichen? Bin ich unter Zeitdruck? Habe ich Angst, z.B. die 18 Minuten nicht zu schaffen? Meine Gedanken bringen mich auf den Weg oder stehen mir im Weg. 2) Während des Laufens verändern sich aber auch die Gedanken; durch das rhythmisierende Laufen werden wir in einen Zustand gebracht, in dem wir uns auf einmal eins fühlen mit der Welt: „es denkt"; 3) Laufen bietet schließlich auch Zeit zum Denken und Nachdenken. Eine besondere Form des Denkens ist das **Beten**. Beten ist **gefühlsbetontes Denken** im Unterschied zum sachlichen Denken; Beten ist **mitfühlendes und einfühlendes Denken** und Beten ist **dankbares Denken**. Gerichtet an Gott als Adressaten.

Aufwärmen und Lockern. (Die Gruppe wird gebeten, sich selbständig aufzuwärmen und an die bisherigen Übungen gemeinsam zu erinnern).

Laufen nach dem DLZ-Standard-Laufprogramm: *18 Minuten Laufen – 1 Minute Gehen (2 Wiederholungen), Laufzeit: 36 Minuten.* Während des Laufens erhalten die TN ein „**Gebetsbändchen**" mit drei Buchstaben: Bei der ersten Laufeinheit sollen sie angeregt durch die Buchstaben an Menschen denken, denen sie für irgendetwas dankbar sind in ihrem Leben. Dann werden die Bändchen getauscht, jeder erhält neue Anfangsbuchstaben. Bei der zweiten Laufeinheit besteht nun die Aufgabe an Personen zu denken, mit denen man es nicht so leicht hat. Sich in deren Lebenssituation so gut es geht einzufühlen und dann einen wohlwollenden Gedanken (an Gott) zu senden.

Dehnen, Stretching (Auch hierbei werden die TN gebeten, eigenständig die Übungen anzuleiten.)

Literatur:

Dietrich, R. (o.J.): Nach innen laufen; S.147.

Marlovits, A. M. (⁴2008), S.99-112.

Kay, W. A. (2009), S.79-90.

Materialien:

Bändchen mit je 3 Buchstaben beschriftet

Woche 11

2	Begrüßung, Frage nach dem Ergehen, Frage nach dem Asthmaspray	Literatur:
		Kay, W.A. (2009), S.119f.
	Übungen zur Wahrnehmung und Achtsamkeit: Die TN werden gebeten 1) wie „auf leisen Sohlen" zu laufen, so dass man sie kaum noch hört; 2) ihre Spuren auf dem Boden zu hinterlassen (z.B. wie auf einem Lehmboden); 3) auf Kommando in ihrer Bewegung einzufrieren; 4) paarweise einen Schattenlauf zu absolvieren.	Zur Geschichte und dem Pilgerweg von Elisabeth von Thüringen siehe z.B.: Albrecht, T./ Atzbach, R. (2006) und Pilgerführer Elisabethpfad (^{2}2005).
	Meditativer Impuls: **In den Spuren eines anderen laufen. (Pilgerweg-Lauf).** 1) Das Besondere am Pilgern und der Vergleich mit dem Laufen: Pilger tragen andere Kleidung/ Pilger lassen den Alltag zurück/ auf dem Weg entstehen neue und andere soziale Gemeinschaften/ Pilger kommen sich selbst und den Gedanken dessen, dessen Weg sie gehen näher und kehren verändert in den Alltag zurück. 2) Berühmte Pfade: Jakobsweg (s. Hape Kerkeling), Bonifatius-Weg, Elisabeth-Pfad.	Pilgerführer Elisabethpfad (^{2}2005), S.72.
	Aufwärmen und Lockern. (Die Gruppe wird gebeten, sich selbständig aufzuwärmen und an die bisherigen Übungen gemeinsam zu erinnern).	
	Laufen nach dem DLZ-Standard-Laufprogramm: *18 Minuten Laufen – 1 Minute Gehen (2 Wiederholungen)*, *Laufzeit: 36 Minuten.* Wir laufen ein Stück **Elisabeth-Pfad**: Während des Laufens erzähle ich die Geschichte von Elisabeth von Thüringen und mache die TN auf die Besonderheit dieses Weges aufmerksam.	
	Dehnen, Stretching (Auch hierbei werden die TN gebeten, eigenständig die Übungen anzuleiten.)	
	Die TN erhalten den Verlauf des Elisabethpfades für ihre Mappen. Wir treffen letzte Absprachen für den Gottesdienst	

Woche 12

1	Begrüßung, Frage nach dem Ergehen, Frage nach dem Asthmaspray Übungen zur Achtsamkeit und Stärkung des Wir-Gefühls: **Übungen mit Luftballon und Seilen.** 1) Paarübung: durch zwei zwischen den Partnern gespannte Seile muss ein Luftballon in der Luft gehalten werden, während folgende Übungen durchzuführen sind: a) Beide gehen parallel in die Hocke und wieder nach oben (3x), b) wie bei einer Wippe geht einer in die Hocke und der andere nach oben (3x hin- und her), c) beide hüpfen parallel in die Höhe (5x). 2) Gruppenübung: Alle Seile werden wie ein Spinnennetz übereinander gelegt, die gesamte Gruppe hat nun den Auftrag, den Ballon solange wie möglich in der Luft zu halten. Aufwärmen und Lockern. Meditative Einheit: **Gesundes Selbstvertrauen.** Vielen Menschen mangelt es an Selbstvertrauen. Dafür gibt es die unterschiedlichsten Gründe. Was kann jetzt und hier hilfreich sein? Den Miesmachern im Kopf auf die Spur zu kommen: „Du schaffst das nicht! Oder: „Du bist nichts wert!"… Für unseren heutigen Lauf gilt: „Du bist schon gelaufen. Du bist ein Läufer, eine Läuferin! Stell dein Licht nicht unter den Scheffel!" Für den Lauf erhält nun jeder ein Bibelwort, das ihm helfen kann, die Zeit mit Freude und Gelassenheit zu bestehen. **Laufen nach dem DLZ-Standard-Laufprogramm:** *1 Minute Gehen – 30 Minuten Laufen*, Laufzeit: **30 Minuten.** Dehnen, Stretching	Literatur: Bauer, M. (⁴2011), S.107-110. Materialien: Seile (ca.50-70 cm lang), pro Person eines und Luftballons Bibelworte/ Mut-mach-Texte auf kleinen Zetteln
2	Begrüßung, Frage nach dem Ergehen, Frage nach dem Asthmaspray Übungen zur Achtsamkeit und Stärkung des Wir-Gefühls: **Übungen mit Gymnastikreifen.** 1) Paarübung (je Paar ein Reifen): Beide stehen im Reifen, schauen in dieselbe Richtung und haben nun die Aufgabe im gleichen Rhythmus so zu laufen, dass der Reifen nicht nach unten rutscht. 2) Gruppenübung: Reifenwandern. Alle TN stehen nebeneinander und fassen sich an den Händen. Der erste der Reihe bekommt den Reifen und dieser muss durch die Reihe gegeben werden, ohne dass die Handfassung unterbrochen wird. Aufwärmen und Lockern. (Die Gruppe wird gebeten, sich selbständig aufzuwärmen). **Laufen nach dem DLZ-Standard-Laufprogramm:** *1 Minute Gehen – 30 Minuten Laufen*, Laufzeit: **30 Minuten.** Dehnen, Stretching. **Überreichen der Urkunden.**	Materialien: Gymnastikreifen Urkunden „Siegerpodest" Fotoapparat

Anmeldeformular

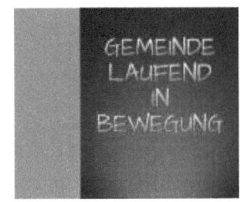

Ich möchte gerne an der meditativen Lauftherapie der Ev. Kirchengemeinden A. und B. teilnehmen.

Name: _____ Vorname: _____

Anschrift: _____
Beruf: _____ Alter: _____
Familienstand: _____ Anzahl Kinder: _____

- Sind Sie in ärztlicher Behandlung? Nein ☐ Ja ☐
- Leiden Sie unter:

  Bluthochdruck Nein ☐ Ja ☐
  Herz-Kreislauf-Beschwerden Nein ☐ Ja ☐
  Diabetes Nein ☐ Ja ☐
  Arthrosen/ Gelenkbeschwerden Nein ☐ Ja ☐
  Sonstige Beschwerden? _____
- Nehmen Sie Medikamente? Nein ☐ Ja ☐

  Wenn ja: Blutverdünner? Nein ☐ Ja ☐
  Mittel gegen Bluthochdruck Nein ☐ Ja ☐

Was erwarten Sie von der Teilnahme an einem meditativen Lauftherapie-Kurs?
_____
_____
_____

Was muss für Sie in der Lauftherapie geschehen, damit es sich gelohnt hat?
_____
_____
_____

Ich bin darüber informiert, dass Teilnehmer/innen über 35 Jahre vor Beginn des Kurses eine ärztliche Bescheinigung einholen sollten. In jedem Fall nehme ich an dem Angebot auf eigene Verantwortung teil. Das Laufprogramm, das den Richtlinien des Deutschen Lauftherapiezentrums e.V. entspricht, wurde mir erläutert.

_____
(Ort, Datum, Unterschrift)

Fragebogen /Vorher

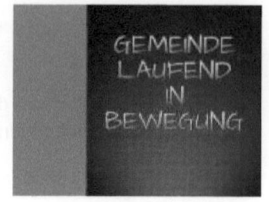

Bitte ankreuzen, was für Sie **derzeit** zutrifft!
Ich fühle mich derzeit durch folgende Erscheinungen stark beeinträchtigt:

Bewegungsmangel	O	Schlafprobleme	O
Müdigkeit/ Vitalitätsschwäche	O	Gewichtsprobleme	O
Nervosität/ Unruhe	O	Darmträgheit/ Verstopfungen	O
Rückenprobleme	O	Hoher Puls/ Herzklopfen	O
Kurzatmigkeit/ Atemnot	O	Schwindelgefühle	O
Blähungen	O	Überlastungsgefühle	O
Kopfschmerzen/ Migräne	O	Konzentrationsschwierigkeiten	O
Hautprobleme/ Juckreiz	O	Kalte Füße und/ oder Hände	O
Leichtere Depressionen	O	Stress	O
Essprobleme	O	Leichtere Angstzustände	O
Seelische Erschöpfung	O	Geringes Selbstwertgefühl	O
Schuldgefühle	O	Vermehrte Gereiztheit	O
Gefühl von Sinnlosigkeit	O	Schweißausbruch/ Erröten	O
Gefühl von Unzufriedenheit	O	Belastung durch Sorgen	O

Die folgenden Fragen beziehen sich auf Ihre Spiritualität bzw. Ihr Glaubensleben, so wie sie diese **gegenwärtig** beschreiben würden. Bitte geben sie *eine* Antwort.

Die Beziehung zu Gott	Stimmt	Stimmt nicht	Weiß nicht
Ich glaube, dass Gott meinem Leben einen Sinn gibt.			
Ich habe Gott mehr als strafend erlebt.			
Ich glaube, dass Gott es gut mit mir meint und gnädig ist.			
Gott ist wie eine Energie, die alles durchströmt.			
Gott hat mich schon oft enttäuscht.			
Ich fühle mich mit Gott verbunden.			
Meine Beziehung zu Gott ist freundschaftlich.			
Bei Gott fühle ich mich geborgen.			
Beten und/ oder meditieren Sie?			
Spielt Musik für Ihren Glauben eine Rolle?			

Die Beziehung zu anderen Menschen	Stimmt	Stimmt nicht	Weiß nicht
Ich vergleiche mich gerne mit anderen Menschen.			
Ich bin gerne mit anderen Menschen zusammen.			
Einige Menschen bereiten mir Unbehagen.			
Ich fühle mich von Menschen oft im Stich gelassen.			
Ich kümmere mich gerne um andere Menschen.			
Mir fällt es schwer, Kontakte zu knüpfen.			
Ich kann gut zuhören.			
Ich kann mich schwer in andere hineindenken.			
Ich rede über meinen Glauben mit anderen Menschen			
Die Beziehung zu mir selbst	Stimmt	Stimmt nicht	Weiß nicht
Ich stehe oft unter Erfolgs- und Leistungsdruck.			
Aufgaben erledige ich gerne schnell und gut.			
Ich mag mich.			
Leben heißt, sich durchbeißen.			
Ich trauere gerade um einen lieben Menschen.			
Ich würde sagen, ich bin mit mir im Einklang.			
Alleinsein macht mir Angst.			
Ich kann gut in mich hineinhören.			
Oft fällt es mir schwer, mir etwas wirklich Gutes zu tun.			
Meine „Beziehung" zur Natur	Stimmt	Stimmt nicht	Weiß nicht
Ich sehe mit Ehrfurcht die Natur an.			
Hinter der Natur sehe ich Gott als Schöpfer.			
Ich gehe nicht sehr oft in die Natur.			
Ich fühle mich in der Natur geborgen.			
Ich nehme die Natur nicht oft dankbar wahr.			

Bitte setzen Sie die Kennziffer an der vorgegebenen Stelle ein. Und zwar sind das die ersten beiden Buchstaben des Vornamens Ihrer Großmutter und Ihr Geburtstag. Wenn jemand z.B. eine Großmutter mit Namen „Isolde" hat und am 25.02. Geburtstag hat, muss er die folgende Ziffer einsetzen:

I S 2 5 0 2

Meine Kennziffer ist: _ _ _ _ _ _   Ich bin: männlich O   weiblich O

Die strikte anonyme Handhabung der Daten wird hiermit **ausdrücklich** zugesichert. Vielen Dank für Ihre Mithilfe. Bitte setzen Sie das heutige Datum ein: _____

Fragebogen/ Nachher

Meine Kennziffer lautet: __ __ __ __ __ __
(Die ersten beiden Buchstaben des Vornamens Ihrer/ Deiner Großmutter und Ihr/ Dein Geburtstag)

Ich bin: weiblich ❏   männlich ❏

1. Fragen zu gesundheitlichen und seelischen Auswirkungen der Lauftherapie. Bitte ankreuzen, was derzeit nach Abschluss des Kurses zutrifft:

	verschlechtert	wie vor der Lauftherapie	etwas gebessert	gebessert	stark gebessert
Bewegungsmangel	❏	❏	❏	❏	❏
Schlafprobleme	❏	❏	❏	❏	❏
Müdigkeit/ Vitalitätsschwäche	❏	❏	❏	❏	❏
Gewichtsprobleme	❏	❏	❏	❏	❏
Nervosität/ Unruhe	❏	❏	❏	❏	❏
Darmträgheit/ Verstopfungen	❏	❏	❏	❏	❏
Rückenprobleme	❏	❏	❏	❏	❏
Hoher Puls/ Herzklopfen	❏	❏	❏	❏	❏
Kurzatmigkeit/ Atemnot	❏	❏	❏	❏	❏
Schwindelgefühle	❏	❏	❏	❏	❏
Blähungen	❏	❏	❏	❏	❏
Überlastungsgefühle	❏	❏	❏	❏	❏
Kopfschmerzen/ Migräne	❏	❏	❏	❏	❏
Konzentrationsschwierigkeiten	❏	❏	❏	❏	❏
Hautprobleme/ Juckreiz	❏	❏	❏	❏	❏
Kalte Füße und/ oder Hände	❏	❏	❏	❏	❏
Leichtere Depressionen	❏	❏	❏	❏	❏
Stress	❏	❏	❏	❏	❏
Essprobleme	❏	❏	❏	❏	❏
Leichtere Angstzustände	❏	❏	❏	❏	❏
Seelische Erschöpfung	❏	❏	❏	❏	❏
Geringes Selbstwertgefühl	❏	❏	❏	❏	❏
Schuldgefühle	❏	❏	❏	❏	❏
Vermehrte Gereiztheit	❏	❏	❏	❏	❏
Gefühl von Sinnlosigkeit	❏	❏	❏	❏	❏
Schweißausbruch/ Erröten	❏	❏	❏	❏	❏
Gefühl von Unzufriedenheit	❏	❏	❏	❏	❏
Belastung durch Sorgen	❏	❏	❏	❏	❏

2. Welche Veränderungen haben sich für Sie durch die „meditative" Lauftherapie ergeben? a) Im Blick auf Ihr Selbstbild bzw. Ihr Selbstwertgefühl?

_____
_____
_____
_____

b) Im Blick auf einen bewussteren Umgang mit sich selbst?

_____
_____
_____
_____

c) In Bezug auf Ihren sonstigen Alltag bzw. Ihre sonstigen Lebenszusammenhänge? (z.B. Familienleben, Freunde, Beruf, Ehrenamt...)

_____
_____
_____
_____

3. Wie haben sie das Laufen in einer Gruppe erlebt?

_____
_____
_____
_____

4. Inwieweit hat die „meditative" Lauftherapie Ihre persönliche Einstellung bzw. Ihre Beziehung zu Gott verändert?

_____

_____

_____

_____

5. Was hat es für Sie bedeutet, dass die Lauftherapie draußen in der Natur stattfand?

_____

_____

_____

_____

6. Fragen zur Durchführung und Organisation der „meditativen" Lauftherapie. Wie bewerten Sie? (Bitte in jeder Zeile ein Kreuz)

	Sehr gut	gut	befriedigend	ausreichend	mangelhaft
Kompetenz grundsätzlich	❏	❏	❏	❏	❏
Teilnehmerorientierung	❏	❏	❏	❏	❏
Kurzvorträge	❏	❏	❏	❏	❏
Meditative Impulse	❏	❏	❏	❏	❏
Übungen zur Lauftechnik	❏	❏	❏	❏	❏
Übungen zum Aufwärmen	❏	❏	❏	❏	❏
Übungen zum Dehnen	❏	❏	❏	❏	❏
Laufeinheiten	❏	❏	❏	❏	❏
Informationsabend	❏	❏	❏	❏	❏
Videoanalysen	❏	❏	❏	❏	❏
„Lauf"-Gottesdienst	❏	❏	❏	❏	❏
Abschluss	❏	❏	❏	❏	❏
Handout/ Teilnehmermappe	❏	❏	❏	❏	❏
Dauer der Lauftherapie	❏	❏	❏	❏	❏

7. Sind ihre persönlichen Erwartungen erfüllt worden? Und: Was möchten Sie noch gerne mitteilen!

_____
_____
_____
_____
_____
_____
_____

8. Wie geht es für Sie weiter? (Bitte ankreuzen)

- ❏ Ich vereinbare mit Gruppe selbständig Termine.
- ❏ Ich laufe alleine weiter.
- ❏ Ich mache erst einmal eine Pause.
- ❏ Ich interessiere mich für weitere Themen rund um Gesundheit und Glaube.
- ❏ _____

Befragung der Teilnehmer/innen des Gottesdienstes

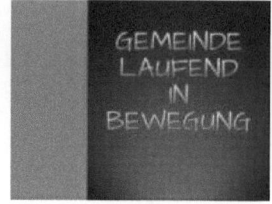

Ich bin: männlich O   weiblich O
Mein Alter:_____

1) Welchen Eindruck haben Sie in diesem Gottesdienst oder schon vorher von der „meditativen Lauftherapie" erhalten? (mehrere Antworten sind möglich)
O Sie ist für jedermann zugänglich (Alter, körperliche Fitness spielen keine Rolle).
O Sie wirkt positiv auf die körperliche Gesundheit.
O Sie wirkt positiv auf die seelische Gesundheit.
O Sie hilft Stress zu reduzieren.
O Sie macht Freude.
O Sie ermöglicht „spirituelle" Erfahrungen.
O Sie schenkt Naturerlebnisse.
O _____

2) „Meditative Lauftherapie" im Rahmen von Gemeindearbeit – dieses Angebot... (nur 1 Antwort ankreuzen)
O spricht mich sehr an
O gefällt mir gut
O finde ich ungewöhnlich, aber o.k.
O finde ich ungewöhnlich und weniger sinnvoll
O finde ich nicht sinnvoll

3) Könnten Sie sich vorstellen, selbst einmal an einer „meditativen Laufeinheit" teilzunehmen? (nur 1 Antwort ankreuzen)
O Ja
O Nein
O Vielleicht, _____

4) Was Sie uns noch mitteilen möchten:
_____
_____
_____

Transkription der Äußerungen der Teilnehmer auf Video nach 5 Wochen Lauftherapie

Gruppe 1

Gunter: Es hat mir Spaß gemacht in der Gruppe zu laufen, weil es doch da einfach geht als wenn man allein läuft.

Hanne: Also die Frau Bünger, die ermuntert mich sehr. Das hilft mir sehr. Und ich habe schon 2 Kilo abgenommen.

Till: Mir macht es Spaß zu laufen.

Antje: Es macht mir jedes Mal Spaß hier her zu kommen. In der Gruppe und an der frischen Luft.

Silvia: Es motiviert mich, mich mit anderen Leute zu treffen. Ich bin einfach motivierter.

Elke: Ich dachte immer, Joggen sei nichts für mich. Aber es gefällt mir hier in der Gruppe und ich glaube, dass das auch weiter gehen kann.

Heinz: Der verbindliche Termin ist ein guter Anstoß für den Anfang und ich habe total Lust bekommen, jetzt weiter zu laufen.

Yvonne: Seit ich laufen gehe, fühle ich mich besser.

Sarah: Das Laufen hat mir gezeigt, dass es nach der Schule ganz entspannend ist mal den Wald zu genießen.

Iris: Ich freue mich, dass ich mal Zeit für mich habe und dabei noch was für die Gesundheit tun kann.

Carmen: Ich hätte nicht gedacht, dass mir das Laufen so viel Spaß macht trotz Wadenschmerzen.

Gruppe 2

Melanie: Ich merke, dass ich durch das Laufen total gut vom Alltag abschalten kann und den Stress des Berufslebens hinter mir lassen kann.

Hagen: Ich bin froh, dass ich nach 5 Jahren Pause wieder einen Start beim Laufen hinlegen konnte. Es gibt wohl nichts, wo ich so bei mir bin und mit der Welt im Reinen bin wie beim Laufen. Und jetzt lerne ich noch etwas über die Technik, und das finde ich echt klasse.

Franziska: Ich habe gerade heute so gedacht, dass ich mich schon irgendwie viel fitter fühle jetzt nach den 5 Wochen und auch nicht mehr so müde. Kann zwar auch am Wetter liegen, aber ich denke auch am Laufen. Das hat mit schon irgendwie mehr Energie gebracht.

Katharina: Es macht mir total Spaß hier mit zu laufen. Ich habe vorher gewalkt und auch andere Sportarten ausprobiert. Das Joggen war nie so meins, weil ich auch immer dachte, da braucht man wirklich Ausdauer. Und genau das wird hier trainiert unter professioneller Anleitung. Es macht einfach Spaß, auch in der Gruppe mit den anderen zulaufen.

Elvira: Ich hätte nie gedacht, dass ich das schaffe. Ich schaffe es. Ich freue mich immer riesig auf das Laufen. Ich fühle mich auch schon etwas fitter. Und ich merke, es tut mir sehr gut.

Steffi: Ich freue mich riesig, dass es diesen Lauftreff mit der Manuela jetzt bei uns gibt. Es bringt mir sehr viel. Es macht irgendwie den Kopf freier. Und ich freue mich immer wieder, wenn es wieder neu beginnt.

Sylvia: Das Laufen macht unheimlich Spaß gerade auch mit der Gruppe. Also neue Leute, nette Leute kennen zu lernen. Und gemeinsam das Ziel nicht aus den Augen zu verlieren. Mit einem Tempo – alle passen sich einander an. Für mich auch toll ist, ich habe Asthma. Ich hatte hier noch keine Atemnot gehabt und hätte nie gedacht, dass ich rennen könnte. Das ist toll.
Ganz klasse finde ich es, wie es uns beigebracht wird. Wir lernen es zu verstehen. Es macht richtig Spaß, wir lernen, was man machen soll und nicht machen soll.

Daniela: Ich hätte nie gedacht, dass ich einmal laufen würde. Nie im Leben. Und es klappt so toll – auch wegen der guten Anleitung, weil man ganz von vorne anfängt, so quasi bei null. Ich hatte Befürchtungen wegen meines ISG-Gelenks. Die sind nicht eingetreten, im Gegenteil, es hat sich gebessert.

Tini: Ich freue mich auch immer hier drauf. Weil, wenn ich vorher sauer bin, dann bin ich danach immer fröhlich.

Anja: Das Laufen tut mir total gut. Es ist zum Abschalten gut. Und die Gruppe ist total nett.

Tamara: Das Laufen macht mir Spaß und mir geht es gut.

Luisa: Mir macht das Laufen auch viel Spaß.

Karla: Ich merke, dass ich mir durch die regelmäßigen Lauftreffs immer Zeit für mich selber nehme und dadurch ausgeglichener bin.

Hannedore: Ich laufe eigentlich abends in der Gruppe mit. Aber ich finde es gut, dass ich auch mal wechseln kann. Dadurch schaffe ich es und ich komme auch gut mit.

Gruppe 3

Maximilian: Die 5 Wochen haben mir in der Gruppe richtig Spaß gemacht.

Gisela: Das Laufen in der Gruppe ist super. Die Gruppe ist klein und fein. Läuft alles sehr gut.

Jana: Die 5 Wochen haben mir viel Freude gemacht. Der Tagesbeginn ist ein völlig anderer. Die Gruppe ist prima, freue mich, dass es eine kleine Gruppe ist. Und ich hoffe, dass ich es verinnerlichen kann und weiter mache.

Jasmin: Ich fand das toll hier in der Gruppe. Es hat mich motiviert auch alleine los zu laufen.

Renate: Die Laufgruppe macht mir viel Spaß. Es ist eine kleine Gruppe. Für mich selbst merke ich, dass ich schon fitter geworden bin. Wo ich dachte, ich habe Grenzen, bin ich schon weiter gekommen als ich eigentlich vermutet habe.

Harald:
Ich laufe normalerweise schneller und dachte mit so einem langsamen Tempo, das wird eine Qual werden. Aber ich war überrascht, dass man doch mit so einem relativen langsamen Tempo das Gefühl hat, man läuft und man macht was für sich. Das war eine gute Erkenntnis.

Predigt zum Thema „Lauftherapie aus der Sicht eines Baumes"

Hallooo! Hört mich jemand! Hier oben! Sehen Sie mich? Der etwas Stämmige rechts im Bild! Wissen Sie, ich hab da so ein paar sehr wundersame Dinge in den letzten Wochen mitbekommen. Immer wieder lief sie an mir vorbei. Diese Menschen-Gruppe! Ach, was sag ich. Gruppen. Nach spätestens drei Wochen hatte ich es endlich begriffen. Und nicht nur einmal in der Woche, nicht zweimal, nein, sechsmal liefen da Leute vorbei. Ok. Nicht immer die gleichen. Und doch lief eine Person immer mit – ich meine diese Person in Schwarz. Wie so ein Schiedsrichter sah sie aus. Aber eine Pfeife hatte sie eigentlich nicht dabei. Obwohl sie auch immer wieder auf ihre Uhr schaute und irgendwelche Anweisungen gab: „1 Minute gehen". Oder: „Laufen!" Oder auch: „Ihr macht das gut!" Meistens sagte sie aber: „Langsamer! Wir wollen zusammen bleiben." Und dann diese Leute: Junge und Ältere, Große und Kleine. Kinder, Jugendliche und Erwachsene. Sie liefen mit „lockeren Schultern", „auf leisen Sohlen" und „mit kleinen Schritten". Warum die wohl alle miteinander unterwegs waren? Manchmal hatten sie sogar wirkliche komische Sachen bei sich – ganz anders wie sonstige Läufer. Stellt euch vor, sie trugen Hüte! Dann spannten sie Fäden zwischen sich und nannten diese Geduldsfäden.

Es sah richtig witzig aus, wie sie damit liefen, aber keiner ist gerissen. Ein anderes Mal schnürten sie sich Bändchen um die Handgelenke, die ein paar von ihnen auch gleich verloren haben; ein weiteres Mal liefen sie mit Säckchen auf dem Rücken oder vor dem Bauch mit lauter Lasten gefüllt, die sie dann ganz in meiner Nähe vor einem Kreuz niederlegten und bei mir im Wald zurückließen. Glücklicherweise hat die Person in Schwarz sie dann später wieder eingesammelt.

 Ich konnte auch einmal sehen, wie sie sich blind führten oder sich verrückten Spielen mit Strohhalmen hingaben. Manchmal erzählten sie sich etwas von Dankbarkeit, ein anderes Mal tauschten sie sich über ihre Sorgen aus. Sie lachten und hin und wieder schwiegen sie.

Ich muss zugeben, am Anfang war ich wirklich etwas irritiert. Aber dann fing ich sogar langsam an, auf sie zu warten. Es kribbelte so richtig in meinen Ästen und Blättern, wenn die Kirchenglocken montags viertel vor sechs schlugen. Gleich würde ich sie wieder sehen.

Freilich, auch am Wochenende liefen so manche an meinen Stamm vorüber, aber ehrlich, das war nicht dasselbe. Meistens fühle ich mich nämlich nicht gesehen. Obwohl ich recht groß bin und von staatlicher Erscheinung. Aber es gibt eben viele von uns, wer sieht denn da schon den einzelnen?! Wie schon das Sprichwort sagt: Man sieht den Wald vor lauter Bäumen nicht.

Jetzt denke ich ein wenig anders darüber, und das hat mit diesen Leuten zu tun, die sahen mich nämlich auf einmal richtig an. Wow, was fühlte ich mich plötzlich so schön. Mir wurde ganz warm um meinen Pflanzensaft. Und die Person in Schwarz lud dann auch noch ein über einen Satz nachzudenken. Warten Sie ich habe ihn gleich wieder: „Ich danke dir dafür, dass ich wunderbar gemacht bin". Bin ich übrigens wirklich, ihr müsst nur richtig hinschauen.

Aber noch schöner war es für mich, als ich hörte, wie diese Menschen sagten, dass das, was ich ausatme für sie gut sei und das, was sie dann ausatmen für mich gut ist. Das heißt ja, dass wir miteinander verbunden sind. Und dass wir uns gegenseitig gut tun. Durch die Luft oder besser durch den Atem. Ich meine, die Person in Schwarz hätte sogar gesagt: Es ist der Atem Gottes, der uns alle miteinander verbindet und alles am Laufen hält. Eine wirklich schöne Vorstellung. Keiner ist allein auf dieser Welt! Auch wenn er nicht so gut laufen kann wie ich zum Beispiel. Wir sind alle miteinander und mit Gott verbunden. Und Gott ist es, der unser Leben in Bewegung, also am Laufen hält.

Wussten Sie eigentlich, dass Sie bereits heute Morgen jede Menge Bewegung hinter sich haben?! Wie ich erfahren habe, bewegen sich Menschen bereits morgens aus dem Bett und laufen dann in ihren Wohnungen hin und her: Zum Kühlschrank, zur Toilette, zur Kaffeemaschine... Und Sie haben sich auch schon an diese Stelle hier bewegt, sozusagen aufeinander zu. Menschen gehen aus dem Haus, auf die Straße, gehen Treppen, in andere Häuser. Zur Arbeit, zum Einkaufen, zu Treffpunkten.

Aber Menschen bewegen nicht nur sich selbst, sondern auch Gegenstände hin und her. Im Wald konnte ich da schon manche Beobachtung machen. Und innerlich sollen die Menschen sich sogar auch bewegen können bzw. bewegen lassen - durch eine Geschichte etwa oder durch ein Lebensschicksal. Und dann sagen sie: es war bewegend.

Aber ich weiß aus eigener Erfahrung: auch die Natur bewegt sich: Gräser, Blätter, Wolken – bewegen sich durch den Wind. Es wächst und strömt, es wimmelt auf dieser Erde: Menschen, Tiere, Fische, Insekten, Bakterien. Flüssigkeiten, Moleküle, bewegen sich durch Zellwände. Planeten und Atome sind in rasender Bewegung.

Leben ist Bewegung. Und Gott hält alles am Laufen. Er hat die Bewegungsabläufe bis ins Kleinste eingerichtet. Ist das nicht atemberaubend!? Leben ist Bewegung.

Und wie ich jetzt weiß: Bewegung - aber im richtigen Tempo, mit einem gesunden Rhythmus. Das habe ich von diesen Läufern gelernt. Diese sind nämlich schön langsam gelaufen, damit ich auch ja jeden einzelnen sehen konnte. Und die haben auch mal Pause gemacht, und sind nicht immer verkrampfter weitergelaufen. Glaubt mir, ich weiß, wovon ich rede, habe schon manches rote Gesicht mit verbissenen Lippen an mir vorbeilaufen sehen, so als wären diese armen Kreaturen ein Leben lang nur auf der Flucht, gehetzt, gejagt von Terminen und Pflichten.

Schade eigentlich, da bleibt nämlich kaum Zeit, sich wirklich zu begegnen oder auch mal über das eigene Leben nachzudenken und über alles Schöne, was Gott uns schenkt. Ich jedenfalls bewege meine Krone jetzt viel langsamer hin und her, und wenn kein Wind da ist, dann ruhe ich auch schon mal aus.

Leben ist Bewegung. Und wir alle müssen unseren Weg finden, den richtigen Lauf sozusagen unseres so schönen, vielleicht auch manchmal anstrengenden Lebens. Aber unser Schöpfer lässt uns nicht ins Leere laufen. Zumindest hat das die Person in Schwarz gesagt und dann noch so was wie: „Die auf den Herrn harren, kriegen neue Kraft, dass sie auffahren mit Flügeln wie Adler, dass sie laufen und nicht matt werden, dass sie wandeln und nicht müde werden." (Jesaja 40,31).

Ich selbst kann ja nicht fliegen wie so ein Adler, und soweit ich weiß, Menschen tun das auch nicht. Also hat dieser Satz wohl wieder was mit der inneren Bewegung zu tun.

Heißt das wohl, die auf Gott hoffen, laufen und bewegen sich im Leben motivierter und beflügelter, weil sie frei sind vom Leistungsdruck?! Heißt das vielleicht auch, sie laufen dankbarer dafür, dass sie überhaupt zwei gesunde Beine und einen beweglichen Körper haben, weil sie auch um die Zerbrechlichkeit des Lebens wissen?! Und vielleicht auch noch: Die auf Gott hoffen, kommen selbst dann voran, wenn ihre Beine schon nicht mehr laufen?!

Weil sie dann getragen werden, getragen - so ungefähr wie mich und meine Wurzeln die Erde trägt. Getragen. Durch ihr Leben. Durch Höhen und Tiefen. Über lichte Höhen und durch dunkle Täler.

So und jetzt freue ich mich, wenn wir uns bald wieder sehen. Auf Wiedersehen, ihr Läufer, auf Wiedersehen, ihr Beweger und Bewegten. Adieu. Oder sagt die Person in Schwarz nicht manchmal: Amen?!

(Predigt im Familiengottesdienst Juli 2014)

Transkription der Aussagen einzelner Teilnehmer im Gottesdienst

Antje: „Ich trage jetzt 6 Milchbeutel (6 Kilo) weniger mit mir herum, und das ist sehr angenehm."

Hanne: „Ich arbeite ja als Berufsbetreuerin, das ist oft sehr anstrengend und belastend mit psychisch kranken Menschen. Und dann das Laufen war wirklich eine Erholung, ich bin dann den Problemen weggelaufen. Und in der Natur und die frische Luft und die Gemeinschaft – das war sehr schön. Zum Thema Stress-Reduktion."

Katharina: „Wir bekamen Hilfen zur guten Körperhaltung und da war ein Bild vom unsichtbaren goldenen Faden zwischen dem Himmel und unserem Kopf, der uns quasi nach oben aufrichtet und nach vorne zieht, und das fand ich ein sehr schönes Bild, was man auch für seinen ganzen Lebensweg, Lebenslauf so übertragen kann, ja so nehmen kann. Dass es eben diese Kraft Gottes gibt zwischen Himmel und Erde, die uns eben aufrichtet und nach vorne bringt."

Steffi: „Ein zweites Bild hat uns Manuela mitgeben: „Du stellst meine Füße auf weiten Raum". Und diesen Raum konnte man nicht nur sehen, sondern auch fühlen. Man hat sein Gegenüber und nebeneinander wahrgenommen, man nimmt Gott wahr, indem man nicht nur das Große sieht, auch das kleine Winzige, was er erschaffen hat, im Wald, in der Natur. All das hat sie uns nahe gebracht, man konnte wirklich Gott nahe sein. Es war wie ein Fenster, und wir waren alle irgendwie am Malen eines Bildes, wo jeder seinen Platz hatte, wo alles erst wirr durcheinander lief und es war dann geordnet. Wenn jetzt einer fehlen würde, wie bei einem Bild, wo man ein Puzzleteil heraus nimmt, dann wäre immer ein Loch. Und so ergab es ein Ganzes. Das war das Laufen."

Sylvia: „Erster sein, gewinnen, siegen – darum geht es ja die meiste Zeit. Und das, was Wunderschön war, bei uns war die Gemeinschaft das Wichtige. Also der, der am langsamsten war, daran wurde sich orientiert. Wir wollten das gemeinsam schaffen, keiner wurde hängen gelassen. Das fand ich wunderschön, und ich denke, dass ist auch eine richtig gute Erfahrung gewesen gerade für die Jugendlichen, die wir dabei hatten, die ja in der Schule schon ein ganz anderes Programm haben. Also mal zu erleben, wie ist Gemeinschaft und wie man gemeinsam ans Ziel kommen kann, so dass da gewinnen sehr, ja einfach unwichtig ist."

Daniela: „Ich habe ja jetzt Rückenprobleme, schon lange. Ich blockiere halt ständig im ISG-Gelenk. Und das hat sich total gebessert durch die fachliche und sehr gute Anleitung von der Manuela." (Nach dem Gottesdienst erzählte sie dann noch, dass es für sie auch eine Premiere gewesen sei, sie habe zum ersten Mal in ihrem Leben ohne Angst vor Leuten gesprochen. Das Laufen habe sie also auch mutiger werden lassen.)

Hagen: „Ja, ich habe nach fünf Jahren wieder angefangen mit dem Laufen und war froh und dankbar, dass das mein Rücken wieder mitmacht. Da hatte ich Befürchtungen, dass es da Beschwerden gibt, das hat sich nicht bewahrheitet, insofern alles gut. Ich habe eine rein sitzende Tätigkeit, außerdem verbunden mit sehr viel Stress, ab und zu auch punktuellem Stress, da weiß man gar nicht wo es einem steht. Und das habe ich auch häufig mit in die Nacht genommen. Bin um halb 3 oder 3 Uhr aufgewacht und habe die unerledigten Aufgaben durchgewälzt, die dann noch am nächsten Tag anstanden. Das alles hat sich deutlich verbessert. Ich bin jetzt in der Lage, dass mich der Wecker weckt und nicht mehr die unerledigten Aufgaben."

Melanie: „Ja, ich las vorhin den Satz „das Laufen verleiht meiner Seele Flügel" – da habe ich gedacht, der hätte auch von mir sein können, war es aber nicht. Durch Arbeit im Kindergarten auch privat, man nimmt ja den ganzen Tag über unheimlich viel auf, schleppt es mit sich herum und ich habe es auch immer gerne mit in die Nacht genommen und meine Seele kam eben nicht zur Ruhe. Und beim Laufen gerade so die ersten paar Minuten habe ich immer gedacht, geht ganz schön schwer, aber ich habe gemerkt mit jedem Schritt, es wurde weniger, die Seele wurde leichter und seitdem nehme ich nichts mehr mit in die Nacht oder nur noch ganz wenig, ich schlafe unheimlich gut, das hätte ich nie gedacht. Also meine Seele atmet auf durch das Laufen."

Jana: Ich hatte massive Schlafstörungen, das hat sich sehr gebessert. Und Wohlbefinden, dass sich mein Alltag strukturiert hat. Dass ich bewusster esse. Und was ich sehr schön finde, mein Glaubensleben hat noch mal an Qualität zugenommen."

Auswertung der Fragebogen „nachher"/ Zuordnung nach Kategorien (anonym) - TN = Teilnehmer, w = weiblich, m = männlich

Fragebogen „nachher" - Kategorie 1: „Verändertes Selbstbild" (Frage 2a)

„Verändertes Selbstbewusstsein"

TN1w: Ausgeglichener, sportlicher und dadurch etwas selbstbewusster. /
TN2w: Kann mich so annehmen, wie ich bin; Selbstbewusstsein besser; bin stolz auf das, was ich die letzten 12 Wochen erreicht habe./
TN9w: Ich hatte ein ganz schlechtes Bild von meinen sportlichen Talenten. Hat sich etwas gebessert./
TN10w: Ich kann es! Das ist mein Selbstbild, deshalb mein Motto: Ich kann alles schaffen, wenn ich es nur will./
TN13w: Ich habe abgenommen, was mich unglaublich stolz macht und ich habe es geschafft, 30 Minuten am Stück zu laufen, das macht mich selbstbewusst in Sachen Training und Abnehmen./
TN14w: Man wird aufmerksamer gegenüber sich selbst und dadurch selbstbewusster./ Bin selbstbewusster./
TN24w: bin selbstbewusster.
TN27m: Mein Selbstbewusstsein ist gestiegen, da ich jetzt weiß, wenn man etwas erreichen will, muss man Ausdauer haben./

„Veränderter Selbstwert"

TN3m: Das Selbstwertgefühl wird durch regelmäßiges Laufen und die damit verbundene Leistungssteigerung erheblich gestärkt. Es tut gut zu erleben, dass man wieder in der Lage ist, eine halbe Stunde am Stück zu laufen./
TN5w: Ich bin es mir wieder wert, etwas für mich zu tun und fühle mich sehr wohl dabei./
TN6w: Im Blick auf Selbstwert-gefühl habe ich keine Veränderungen gespürt./
TN11w: Habe eine Steigerung empfunden durch das Erreichen des Ziels./
TN16w: Ich nehme vieles bewusster wahr. Gott hat mich so gemacht, wie ich bin. Ich bin wertvoll. (auch: Kategorie: Beziehung zu Gott)
TN23w: Ich fühle mich seitdem ich laufen gehe, viel wohler in meinem Körper und bin dadurch zufriedener gelaunt, was auch mein Umfeld positiv wahrnimmt. Mein Selbstwertgefühl hat sich gebessert, ist gestiegen./
TN25w: Mein Selbstwertgefühl hat sich etwas gebessert. Durch die Impulse vor dem Laufen habe ich gelernt, mich selbst mehr wert zu schätzen. (Sich selbst so annehmen wie man ist, klappt noch nicht immer, aber es wird.) (auch: Kategorie: Beziehung zu Gott)

„Stolz auf Erreichtes"

TN2w: Kann mich so annehmen, wie ich bin; Selbstbewusstsein besser; bin stolz auf das, was ich die letzten 12 Wochen erreicht habe./
TN3m: Das Selbstwertgefühl wird durch regelmäßiges Laufen und die damit verbundene Leistungssteigerung erheblich gestärkt. Es tut gut zu erleben, dass man wieder in der Lage ist, eine halbe Stunde am Stück zu laufen./

TN12w: Ich bin positiv überrascht und freue mich, dass ich es durchgehalten und das Ziel erreicht habe. Neues auszuprobieren, Herausforderungen stellen (auch mit 50+) lohnt sich. Die Kraft dazu zu spüren, dies möchte ich in andere Lebensbereiche mitnehmen./ Mutiger
TN13w: Ich habe abgenommen, was mich unglaublich stolz macht und ich habe es geschafft, 30 Minuten am Stück zu laufen, das macht mich selbstbewusst in Sachen Training und Abnehmen./
TN19w: Stolz, dass ich jetzt 30 Minuten laufen kann./
TN26w: Ich bin stolz es geschafft zu haben, 30 Minuten locker durch zu laufen./
TN4w: Ich hätte es nicht gedacht, in 12 Wochen zum Läufer zu werden. Es war so eine tolle Zeit. Es wäre schön, wenn es einen Fortgeschrittenenkurs gäbe. Die Motivation von Frau Bünger war klasse./ - Frage 7
TN5w: Ich hatte nicht so viel erwartet, wollte was für mich tun und „versuchen zu laufen". Nie hätte ich gedacht am Ende 30 Minuten laufen zu können und das mit Freude. Meine Lebensqualität hat sich erheblich verbessert, der Gedanke, bald sterben zu müssen, ist weg und ich bin gespannt, was Gott noch alles mit mir vorhat. Ich schaue nach vorne!/ - Frage 7
TN6w: Zumindest habe ich wieder ein wenig zu Gott gefunden und bin mir bewusst geworden, dass ich mit meinem Körper pfleglicher umgehen sollte. Ich hätt nie gedacht, dass ich die 30 Minuten schaffen könnte – es ist möglich! Vielen, vielen Dank an eine wunderbare Trainerin und einen wundervollen Menschen./ - Frage 7
TN11w: Ich bin absolut positiv überrascht, wie ich es in der kurzen Zeit geschafft habe, meine Leistungsfähigkeit so zu steigern. Ich kann inzwischen schon 50 min am Stück laufen. Nach der ersten viertel Stunde, läuft man wie von allein. Auch die Phasen des Schweigens und auf ein Bibelwort sich zu konzentrieren, haben mir so gut gefallen./ - Frage 7
TN21w: Ja, für mich war es spannend, ob ich die ½ Stunde durchlaufen schaffe, einmal von der Ausdauer und aber auch von körperlichen Beschwerden wie Arthrose. Und es funktioniert beides dank guter Anleitung. Und das wir jetzt in der Gruppe regelmäßig zusammenlaufen, übertrifft meine Erwartungen sogar – wirklich genial./ - Frage 7

„Mut"
TN4w: Ich versuche nicht mehr mit Angst oder negativen Gedanken Neues zu probieren. Ich freue mich aufs Laufen, auf den Wald, die Luft, die ständig neuen Gerüche und Augenblicke./ TN8w: Werte wie Akzeptanz, Freundlichkeit und Anerkennung wurden gelebt und haben mir gut getan. Ich bin wieder mutiger geworden, auf Menschen, die ich nicht so gut kenne, zuzugehen./ TN12w: Ich bin positiv überrascht und freue mich, dass ich es durchgehalten und das Ziel erreicht habe. Neues auszuprobieren, Herausforderungen stellen (auch mit 50+) lohnt sich. Die Kraft dazu zu spüren, dies möchte ich in andere Lebensbereiche mitnehmen./ T11w: Es macht mir Spaß, Neues (neue Herausforderungen) anzupacken./ - Frage 2c TN17w: Ich stehe mehr für mich ein./ - Frage 2c

"Ausgeglichenheit, Gelassenheit, Zufriedenheit"
TN1w: Ausgeglichener, sportlicher und dadurch etwas selbstbewusster. / TN20w: Das Laufen hat mich in meiner Alltagshektik entschleunigt und somit Gelassenheit vermittelt./ TN23w: Ich fühle mich seitdem ich laufen gehe, viel wohler in meinem Körper und bin dadurch zufriedener gelaunt, was auch mein Umfeld positiv wahrnimmt. Mein Selbstwertgefühl hat sich gebessert, ist gestiegen./ T12w: Ich fühle mich ausgeglichener und gestärkt für die Anforderungen des Lebens./ - Frage 2c T21w: Die regelmäßige Bewegung tut mir gut, so dass ich meine Geduld und Gelassenheit wieder habe, die mir etwas verloren gegangen waren./ - Frage 2c T23w: Meinen Freunden ist es aufgefallen, dass ich besser gelaunt bin und wurde sogar darauf angesprochen, ob ich abgenommen hätte. In der Schule fühle ich mich auch weniger unter Druck gesetzt und gestresst./ - Frage 2c

Fragebogen „nachher" – Kategorie 2: „Veränderter Umgang mit sich selbst" (Frage 2b)
"Zeit für sich nehmen"
TN1w: Bewusst Zeit für mich genommen, zumindest beim Laufen höre ich bewusster auf den Körper./ TN12w: Neben Familie und Beruf sich die Zeit zu nehmen etwas nur für mich zu tun, was mir Spaß und Freude macht. Achtsame Momente tun gut./ TN17w: Ich nehme mir Zeit für mich./ TN20w: Ich habe durch die Lauftherapie gelernt mir selbst Zeit zu nehmen und fühle mich dabei sehr gut./ TN15m: Mehr Zeit für Sport/ Bewegung einplanen
"Bewusster Umgang mit dem Körper"
TN1w: Bewusst Zeit für mich genommen, zumindest beim Laufen höre ich bewusster auf den Körper/ TN6w: Die LT hat mir gezeigt, dass ich achtsamer mit meinem Körper umgehen sollte./ TN8w: Die Bewegung hat meinem Körper gut getan./ T9w: Körper besser spürbar, wohler fühlen./ TN21w: Da ich gemerkt habe, das mir das Laufen richtig gut tut, sowohl für mein Allgemeinbefinden als auch für meine körperlichen Beschwerden, ist es mir wichtig, das Laufen auch weiterhin zu praktizieren und mir die Zeit dafür frei zuhalten./ TN22m: Bin zu einer Jetzt-geht's-los Haltung gekommen. Bewussterer Umgang mit dem Körper TN23w: Ich gehe nun bewusster mit mir um, auch bei meiner Ernährung hat sich etwas geändert. Ich greife eher zu Obst als zu Süßigkeiten und diese Entscheidungen machen mich glücklicher./

TN25w: Durch die stressigen Situationen (privat und beruflich) fällt es mir zur Zeit schwer, die Signale meines Körpers wahrzunehmen und auf sie zu achten. Durch die LT habe ich gemerkt, dass es wichtig ist darauf zu achten und ich werde in Zukunft diese besser wahrnehmen./
TN27w: Mehr auf den Körper zu hören./

„Bewusstes Essen"

TN4w: Ich esse nach wie vorne gerne, aber bewusster. Versuche Fettes wegzulassen. Nehme gesunde Fette. Freue mich auf unsere Gruppe, die Gespräche. Ich muss lernen Nein zu sagen./
TN5w: Ich esse wesentlich bewusster./
TN23w: Ich gehe nun bewusster mit mir um, auch bei meiner Ernährung hat sich etwas geändert. Ich greife eher zu Obst als zu Süßigkeiten und diese Entscheidungen machen mich glücklicher./

„Bewusstsein für eigene Bedürfnisse"

TN2w: Kümmere mich mehr und bewusster um mich und meine Bedürfnisse./

„kein negatives Denken mehr"

TN10w: Ich denke nicht mehr negativ über mich. Ich quäle mich nicht mehr. „Du hast es gut gemacht!" ist nun ein oft verwendeter Satz von mir./
TN16w: Die positiven Eigenschaften bewusster wahrnehmen.
TN13w: Ich fühle mich nicht mehr so oft alleine, weil mir durch das Laufen bewusst wurde, dass Gott und auch meine Familie mich nie alleine lassen./ - (auch: Kategorie: Beziehung zu Gott)

Fragebogen „nachher" – Kategorie 3 „Veränderungen im Alltag" (Frage 2c)

„Wohlgefühl"

TN22m: Mir geht es insgesamt besser und das wirkt sich auf alle Lebensbereiche aus. Eine Kollegin sagte neulich: „du strahlst etwas aus" – ob das jetzt nur an der Lauftherapie lag oder auch an sonstigem, kann ich nicht sagen, aber das Laufen hat eine Rolle gespielt./
TN27m: Ich nehme jetzt alles leichter und genieße jeden Tag aufs Neue, denn es könnte der letzte sein./
T10w: Einfach abschalten. Alle Lasten fallen lassen. Sie in Asche verwandeln. Froh sein. So ist das Laufen für mich. Sei einfach du selbst./
TN11w: Fühle mich gesünder und leistungsfähiger./ - Frage 2b
TN21w: Da ich gemerkt habe, das mir das Laufen richtig gut tut, sowohl für mein Allgemeinbefinden als auch für meine körperlichen Beschwerden, ist es mir wichtig, das Laufen auch weiterhin zu praktizieren und mir die Zeit dafür frei zuhalten./ - Frage 2b
TN8w: Die persönlichen Erwartungen sind übertroffen worden. Es war das „bewegendste" Erlebnis in diesem Frühjahr. Energie, Gesundheit, Mut und Zufriedenheit sind gewachsen… - Frage 7

TN5w: Ich hatte nicht so viel erwartet, wollte was für mich tun und „versuchen zu laufen". Nie hätte ich gedacht am Ende 30 Minuten laufen zu können und das mit Freude. Meine Lebensqualität hat sich erheblich verbessert, der Gedanke, bald sterben zu müssen, ist weg und ich bin gespannt, was Gott noch alles mit mir vorhat. Ich schaue nach vorne!/ (7)
TN16w:... Seitdem ich laufen gehe, fühle ich mich seelisch und körperlich viel besser und befreiter und führe ein gesünderes Leben./ (7)
TN4w: Ich habe mehr Energie und Ausdauer./ - Frage 2b

„Ausgleich zum Beruf"

TN2w: Im Beruf etwas zurückfahren; mehr auf meine Familie achten (alles am Anfang)./
TN3m: Ich bin froh und dankbar, dass mein Ehepartner ebenfalls, die Herausforderung angenommen hat und mitgelaufen ist. So konnten wir unsere positiven Erwartungen in der Partnerschaft teilen. Regelmäßiges Laufen liefert zudem einen enormen Beitrag zum Ausgleich der Belastungen aus dem Beruf./

„Zeit für Familie und Menschen, die gut tun"

TN2w: Im Beruf etwas zurückfahren; mehr auf meine Familie achten (alles am Anfang)./
TN5w: Ich versuche mich mehr mit Menschen zu umgeben, die mir gut tun, z:b. meine Laufpartner./
TN14w: Dadurch dass man weniger überlastet und gestresst ist, hat man mehr Zeit für Familie und Freunde./

„Inspirierend für Sinnstiftendes"

TN7m: Wunsch, dass meine Frau auch mitlaufen würde; auf sportliche Überforderung achten; inspiriert zu noch mehr sinnstiftenderer, anspruchsvolleren erlebnisreicheren gemeinsamen Lebensgestaltung mit Partnerin./
TN11w: Es macht mir Spaß, Neues (neue Herausforderungen) anzupacken./ (s. Mut 2a))

„Umgang mit Herausforderungen"

T11w: Es macht mir Spaß, Neues (neue Herausforderungen) anzupacken./ (s. Mut 2a))
T17w: Ich stehe mehr für mich ein./

Fragebogen „nachher" – Kategorie 4: „Gruppenerfahrungen" (Frage 3)

„Motivation"

TN1w: Motivierend, guter Zusammenhalt entstanden, auch private Kontakte./
TN2w: Persönliche Bereicherung; andere spornen mich an: sie unterstützen mich; sind für mich wichtig (Motivatoren)./
T6w: Ich habe mich stets wohl gefühlt und motiviert „sowieso"./

TN8w: Die Gruppe ist dabei sehr wichtig, sie macht einem Mut, man hält länger durch, es wird viel gelacht und erzählt. Die persönlichen Gespräche haben richtig gut getan
TN11w: Ein schönes Gefühl von Gemeinschaft, sich begleiten, anspornen, nah sein./
TN12w: Bereichernd, positiv, offen, einfühlsam, vertrauend, rücksichtsvoll, inspirierend, motivierend, lustig, unterhaltend. Wir haben es geschafft./
T15m: Macht Spaß, motivierend./
TN17w: Sehr gut, motivierend, wollten und haben es alle zusammen geschafft./
TN20w: In der Gruppe ist man motivierter, regelmäßig Sport zu treiben. Die Gemeinschaft, der Austausch untereinander war positiv./
TN23w: Es war eine sehr schöne Erfahrung in einer Gruppe Sport zu treiben, da man mehr zusammenhält wie wenn man allein läuft. Mich persönlich spornt das mehr an beim Laufen./
TN24w: Viel besser als allein./
TN25w: Das Laufen in einer Gruppe ist sehr angenehm. Die Gruppe zieht einen mit. Wenn man mit einem reden möchte, hat man die Möglichkeit. Ansonsten tut es auch gut, schweigend nebeneinander herzulaufen. Man ist nie allein.

„Zusammenhalt"
TN7m: Sehr angenehm; gegenseitige positive Rückmeldungen, ausgeprägtes Zusammengehörigkeitsgefühl; Mitdenken für andere; erfreuliche alters gemischte Laufgruppe./
TN11w: Ein schönes Gefühl von Gemeinschaft, sich gegenseitig begleiten, anspornen, nah sein./
TN13w: Es bedeutete Zusammenhalt, man hat durch das Unterhalten komplett die Zeit vergessen./
TN14w: Dadurch, dass die Gruppe so gut harmoniert hat, besser als erwartet./
TN16w: zusammengewachsen
TN23w: Es war eine sehr schöne Erfahrung in einer Gruppe Sport zu treiben, da man mehr zusammenhält wie wenn man allein läuft. Mich persönlich spornt das mehr an beim Laufen./

„Rücksichtnahme"
TN3m: „Leidens"gemeinschaften sind auch immer gute und feste Gemeinschaften. Allerdings erfordert das Laufen in der Gruppe auch viel Rücksichtnahme auf die schwächeren Läufer. Das war nicht immer einfach (Lernprozess)./
TN4w: Super. Der Starke passt sich dem Schwachen an. Jeder kann sein Tempo laufen. Wir haben eine tolle Gruppe und wir treffen und weiter./
TN21w: Das Laufen in der Gruppe fand ich sehr angenehm. Rücksichtnahme wurde sehr groß geschrieben. Habe ich zuvor noch nicht erlebt. Habe mich in der Gruppe sehr wohl gefühlt./
TN7m: Sehr angenehm; gegenseitige positive Rückmeldungen, ausgeprägtes Zusammengehörigkeitsgefühl; Mitdenken für andere; erfreuliche alters gemischte Laufgruppe./

"Gespräche"
T8w: Die Gruppe ist dabei sehr wichtig, sie macht einem Mut, man hält länger durch, es wird viel gelacht und erzählt. Die persönlichen Gespräche haben richtig gut getan./ TN12w: Bereichernd, positiv, offen, einfühlsam, vertrauend, rücksichtsvoll, inspirierend, motivierend, lustig, unterhaltend. Wir haben es geschafft./ TN13w: Es bedeutete Zusammenhalt, man hat durch das Unterhalten komplett die Zeit vergessen./ TN18w: Das Laufen in der Gruppe habe ich sehr positiv erlebt. Einmal der Spaß schon am frühen Morgen im Miteinander, aber auch der Austausch durch die meditativen Einheiten; manchmal war es nur ein Satz der anderen, der mein Denken in eine andere Richtung gebracht hat. Die sehr schnelle Vertrautheit durch Gespräche, die nicht an der Oberfläche blieben./ TN20w: In der Gruppe ist man motivierter, regelmäßig Sport zu treiben. Die Gemeinschaft, der Austausch untereinander war positiv./ TN25w: Das Laufen in einer Gruppe ist sehr angenehm. Die Gruppe zieht einen mit. Wenn man mit einem reden möchte, hat man die Möglichkeit. Ansonsten tut es auch gut, schweigend nebeneinander herzulaufen. Man ist nie allein. TN27m: Es ging alles viel leichter und man konnte sich mit den anderen Läufern gut unterhalten und austauschen./

"Ort der Freude"
TN8w: Die Gruppe ist dabei sehr wichtig, sie macht einem Mut, man hält länger durch, es wird viel gelacht und erzählt. Die persönlichen Gespräche haben richtig gut getan./ TN10w: Man lernt sich kennen, hat Spaß zusammen. Man fühlt sich nicht ausgeschlossen, man ist nicht alleine./ TN15m: Macht Spaß, motivierend./ TN12w: Bereichernd, positiv, offen, einfühlsam, vertrauend, rücksichtsvoll, inspirierend, motivierend, lustig, unterhaltend. Wir haben es geschafft./ TN18w: Das Laufen in der Gruppe habe ich sehr positiv erlebt. Einmal der Spaß schon am frühen Morgen im Miteinander, aber auch der Austausch durch die meditativen Einheiten; manchmal war es nur ein Satz der anderen, der mein Denken in eine andere Richtung gebracht hat. Die sehr schnelle Vertrautheit durch Gespräche, die nicht an der Oberfläche blieben./ TN26w: Sehr positiv! Hätte ich erst gar nicht so erwartet. Es hilft sehr dabei – mit Spaß – durchzuhalten. War aber auch eine Supergruppe

Fragebogen „nachher" – Kategorie 5: „Spirituelle Dimension" (Fragen 4 und 5)
"Veränderte Qualität des Glaubens"
TN2w: Ist für mich wieder wichtiger geworden; kann wieder in Kleinigkeiten Gott und sein Tun sehen und erkennen./ TN5w: Es hat mich Gott noch näher gebracht. Mein Glaube hat an Qualität sehr gewonnen, ich fühle mich begleitet und umsorgt. TN11w: Intensiviert sich!/

TN12w: Nicht verändert, sondern erweitert und vertieft. Schön das „Bild" vom goldenen Faden, vertrauensvoll. Laufen, mich spüren im Einklang und Rhythmus der Natur, tiefe Atemzüge, als kleiner Teil des großen Ganzen (Dust in the Wind v. Kansas), Demut./ --- Schöpfung
TN23w: Meine Beziehung zu Gott hat sich etwas gebessert, aber nicht so viel/
TN25 w: Die Lauftherapie hat mich zum Nachdenken angeregt./

„Veränderte Beziehungsebene"

TN3m: Die Lauftherapie hat mein Gottesbild wieder etwas zurecht gerückt. Habe das Gefühl, dass Gott mich eingeladen hat, daran teilzunehmen. Ich denke und glaube, meine Erfolge sind sein Geschenk./
TN4w: Meine Sichtweise hat sich verändert. Beim Laufen fühlt man sich so befreit, so erleichtert. Der Glaube versetzt Berge und gibt einem Kraft, von der man vorher nicht wusste, dass ich sie besitze./
TN5w: Es hat mich Gott noch näher gebracht. Mein Glaube hat an Qualität sehr gewonnen, ich fühle mich begleitet und umsorgt./
TN6w: Ich fühle mich z.Zt. näher an Gott. Ich merke, dass nur Gott in der Lage ist, mich aus einer „aussichtslosen" Situation zu befreien./
TN8w: Sie hat mich Gott einige Schritte näher gebracht./
TN10w: Ich lerne Gott näher kennen und weiß ich ihn zu schätzen. Zwar habe ich einmal die ganze Bibel gelesen, aber wirklich in Verbindung gebracht hast du mich./
TN12w: Nicht verändert, sondern erweitert und vertieft. Schön das „Bild" vom goldenen Faden, vertrauensvoll. Laufen, mich spüren im Einklang und Rhythmus der Natur, tiefe Atemzüge, als kleiner Teil des großen Ganzen (Dust in the Wind v. Kansas), Demut./ --- Schöpfung
TN13w: Ich weiß, dass Gott bei mir ist, wo immer ich auch gehe und wofür ich mich entscheide./

„Verändertes Gottesbild"

TN3m: Die Lauftherapie hat mein Gottesbild wieder etwas zurecht gerückt. Habe das Gefühl, dass Gott mich eingeladen hat, daran teilzunehmen. Ich denke und glaube, meine Erfolge sind sein Geschenk./
TN4w: Meine Sichtweise hat sich verändert. Beim Laufen fühlt man sich so befreit, so erleichtert. Der Glaube versetzt Berge und gibt einem Kraft, von der man vorher nicht wusste, dass ich sie besitze./
TN20w: Es war wohltuend für Körper, Seele und Geist. Die Mächtigkeit Gottes wurde neu erfahrbar und hat mich beeindruckt.

„Verändertes Selbstbewusstsein durch Beziehung zu Gott"

TN16w: Ich nehme vieles bewusster wahr: Gott hat mich so gemacht wie ich bin! Ich bin wertvoll. Durch die Gespräche und Impulse, werde ich Gott wieder bewusster in den Alltag mit hineinnehmen./
TN17w: Mehr Zeit für Gott nehmen; weiß, dass er uns und die Natur lieb hat und wir ihm wichtig sind./
TN13w: Ich weiß, dass Gott bei mir ist, wo immer ich auch gehe und wofür ich mich entscheide./

„Natur als Schöpfung wahrgenommen"

TN22m: Manchmal ist ein neuer Blick auf die Schöpfung entstanden./
TN27m: Man konnte die Natur, wie sie von Gott geschaffen ist genießen
TN12w: Nicht verändert, sondern erweitert und vertieft. Schön das „Bild" vom goldenen Faden, vertrauensvoll. Laufen, mich spüren im Einklang und Rhythmus der Natur, tiefe Atemzüge, als kleiner Teil des großen Ganzen (Dust in the Wind v. Kansas), Demut./
TN1w: In der Natur ist das Laufen näher bei Gott als Sport in der Halle. Möglichkeit, befreit durch zu atmen in sauberer Luft./
TN3m: Sehr viel! Der Aufenthalt in der Natur hat etwas sehr Befreiendes für Körper, Geist und Seele! Warum das so ist? Die Natur bewertet nicht!/
TN6w: Die Nähe zu Gott durch das Spüren seiner Gegenwart (das bedeutet Natur für mich)./
TN18w: Das fand ich sehr gut, man erlebt die Natur bewusster, wird ehrfurchtsvoller gegenüber der Natur./
TN21w: Ich bin sehr gerne draußen, daher habe ich es total genossen, und vor allen Dingen gibt es ja, wenn man darauf achtet, immer wieder etwas Schönes Neues zu entdecken, sei es ein Reh... oder auch die Pflanzen und Bäume, die sich mit der Jahreszeit entwickeln oder verändern. So wird einem wieder bewusst wie schön und durchdacht doch die Schöpfung ist./
TN23w: Gottes Schöpfung besser wahrnehmen. Begegnung mit Rehen und Füchsen ist schon toll!
TN24w: Man lernt die Natur besser kennen und sieht die Schöpfung
TN2w: Wichtig für mich selbst an der Luft zu sein; tiefes Durchatmen; wichtig für mich: Angewiesen-sein: Natur-Mensch – Mensch-Natur./

„Hilfen durch geistliche Impulse – auch für Alltag"

TN2w: Ist für mich wieder wichtiger geworden; kann wieder in Kleinigkeiten Gott und sein Tun sehen und erkennen./
TN21w: Meine Einstellung zu Gott hat es nicht verändert, aber was mir sehr gut getan hat, waren die sehr praktischen Elemente, z.B. die Lasten unter dem Kreuz wirklich ablegen, es war für mich wirkungsvoller als z.B. im Gebet es nur auszusprechen./
TN16w: Ich nehme vieles bewusster wahr: Gott hat mich so gemacht wie ich bin! Ich bin wertvoll. Durch die Gespräche und Impulse, werde ich Gott wieder bewusster in den Alltag mit hineinnehmen./
TN11w: Ich bin absolut positiv überrascht, wie ich es in der kurzen Zeit geschafft habe, meine Leistungsfähigkeit so zu steigern. Ich kann inzwischen schon 50 min am Stück laufen. Nach der ersten viertel Stunde, läuft man wie von allein. Auch die Phasen des Schweigens und auf ein Bibelwort sich zu konzentrieren, haben mir so gut gefallen./ - Frage 7
TN12w: Nein, sie sind bei Weitem übertroffen worden durch dein Engagement und dem abwechslungsreichen Rahmenprogramm. Vielen Dank dafür. In der Gruppe sich austauschen über meditative und geistliche Themen ist gut, vielleicht wäre auch ein langer Schweigelauf noch vertiefend. Danke schön!/ - Frage 7
T13w: Ja, meine Erwartungen wurden erfüllt. Ich möchte hinzufügen, dass Frau Bünger ganz toll war (ist). Sie hat einem IMMER das Gefühl gegeben, dass

man es schafft, und selbst, wenn man es nicht geschafft hätte, gebe sie einem Mut. Sie hat mich gelehrt, weiter zu machen, selbst wenn man mit seinem Latein am Ende ist. Sie hat mir das Vertrauen zu Gott gegeben. Auch wenn ich das noch nicht in allen Situationen umsetzen kann. Sie gibt einem immer das Gefühl etwas ganz Besonderes zu sein./ - Frage 7
TN20w: Ich empfand den Kurs als sehr bereichernd und würde jeder Zeit wieder teilnehmen. Die Betreuung und Anleitung war professionell. Der geistliche Input war erfrischend und ermutigend. Die Gemeinschaft untereinander war gut./ - Frage 7

9 Personen haben entweder gar nichts ausgefüllt, bzw. angegeben, dass sie keine Veränderung erlebt haben (TN1w, TN7m, TN9w, TN14w, TN24w).
TN7m: Leider noch nicht erkennbar, aber weiterhin unverändert positiv, weiter verstärkte Konzentration auf das Wesentliche./

Transkription des Interviews mit Antje – A(w) – 24.7.2014

1 **Interviewerin**: Ich frage Dich zunächst einmal: wie Du heißt und wie alt Du bist.
2 **A(w)**: Antje ███, und ich bin ██ Jahre.
3 **Interviewerin**: Eine halbe Stunde am Stück zu laufen! Wie hast du vor einem
4 halben Jahr darüber gedacht?
5 **A(w)**: Na, ob dass die Frau Bünger schafft, uns in 12 Wochen für eine halbe
6 Stunde zum Laufen zu bringen - das glaube ich weniger.
7 **Interviewerin**: Also konntest Du Dir das nicht vorstellen?
8 **A(w)**: Nein, als überhaupt kein Läufer zum Läufer werden, das konnte ich mir
9 überhaupt nicht vorstellen.
10 **Interviewerin**: Und wie hast Du es erlebt, als es dann in der letzten Woche wahr
11 geworden ist?
12 **A(w)**: Dass ich es schaffe, habe ich gemerkt in der Woche, als wir zweimal 18
13 Minuten gelaufen sind. Wenn ich zweimal 18 Minuten schaffe, dann schaffe ich
14 auch die 30 Minuten. Und dann bin ich viel leichter dran gegangen und es ging.
15 Ich war erleichtert, war klasse.
16 **Interviewerin**: Und jetzt hast Du 12 Wochen Lauftherapie mitgemacht. Wie wür-
17 dest Du diesen Kurs beschreiben; diesen Weg, wie hast du ihn für Dich erlebt?
18 **A(w)**: Ja, ich bin mit Spannung das erste Mal hingegangen und von Anfang an
19 hat die Chemie in der Gruppe gestimmt. Wir sind super miteinander klar gekom-
20 men, und jeder hat auf den anderen Rücksicht genommen. Es war einfach von
21 Anfang an schön und trotzdem jede Woche spannend. Und immer wieder diese
22 Gedanken, schaffe ich das? Und jedes Mal die Erleichterung, du hast es ge-
23 schafft und es geht weiter. Ich fand den ganzen Ablauf ganz toll, und die 12 Wo-
24 chen sind viel zu schnell umgegangen.
25 **Interviewerin**: Hast Du irgendetwas erwartet, bevor Du losgelegt hast?
26 **A(w)**: Also eigentlich habe ich nur so an die Gesundheit gedacht. Vielleicht
27 schaffe ich es abzunehmen…mmh, die Ausdauer halt, dass man einfach mehr
28 Ausdauer hat. Das war so die Erwartung, die ich hatte.
29 **Interviewerin**: Und ist etwas in Erfüllung gegangen?

A(w): Also, ich bin auf alle Fälle von der Ausdauer her schneller, halte jetzt länger durch, wenn ich zum Beispiel Zeitung austrage. Und halt auch vom Gewicht her, was ich da verloren habe.

Interviewerin: Traust Du Dich zu sagen, wie viel Du verloren hast?

A(w): Also, ich bin jetzt am siebten Kilo. *(lacht)*

Interviewerin: Oh, das ist aber schön. *(Beide lachen)*… Also Du hast nun schon eine körperliche Veränderung angesprochen, würdest Du auch sagen, dass sich im seelischen Bereich, zum Beispiel beim Thema Stress oder bei anderen Themen, die Dir vielleicht Probleme bereitet haben, irgendetwas verändert hat.

A(w): Also, zu Hause merke ich, dass ich schnell in meinem Kopf wieder drin bin, aber wenn wir am Laufen sind, bin ich ganz frei, es belastet mich nichts. Zuhause kommt es dann schon, dass man den Stress wieder hat, aber ich genieße die Zeit und ich freue mich immer wieder drauf, wenn wir laufen gehen.

Interviewerin: Zuhause war es also ein bisschen schwer umzusetzen; kannst du trotzdem sagen, dass Du irgendwelche Impulse bekommen hast aus der Lauftherapie für Deinen sonstigen Alltag?

A(w): Also, jeder fand es natürlich toll, dass ich laufen gehe, es glaubt ja keiner, aber es kam schon zurück „Klasse!" und: „Mach das weiter!".

Interviewerin: Also, so hat die Außenwelt auf die Lauftherapie reagiert.

A(w): Ja.

Interviewerin: Nun war es ja keine Lauftherapie unter allein rein sportlichem oder gesundheitlichem Aspekt, sondern auch mit meditativen Elementen bestückt. Würdest Du sagen, dass sich für dich durch die Lauftherapie auch die Beziehung zu Gott oder die Vorstellung von Gott verändert hat?

A(w): Man hat das schon immer so in sich getragen, aber jetzt durch die Lauftherapie war es wirklich so, dass man das Gefühl hatte, man wird beschützt, man ist nicht alleine unterwegs. Also es ist einer da, der hilft dir jetzt. Da ist so eine Kraft da, die Dir weiterhilft. Das war schon auf alle Fälle zu spüren.

Interviewerin: Und war das vorher anders?

A(w): Ja. Das war vorher nicht so. Und auch die ganzen Gespräche miteinander, es war plötzlich alles so logisch. Je nachdem, was für Themen dran waren, hat

61 man gedacht, ja genauso ist es nämlich. *(Pause)* Ich kann es jetzt nicht so genau
62 wiedergeben.
63 **Interviewerin**: Kann man sagen, du hast von Gott oder vom Glauben her plötz-
64 lich etwas mehr für dich verstehen können?
65 **A(w)**: Ja, genauso könnte man es sagen. *(Kopfnicken) – Pause.*
66 **Interviewerin**: Gibt es irgendeine Sache, die Dir ganz besonders gefallen hat?
67 An die Du Dich jetzt spontan erinnerst?
68 **A(w)**: Schwierig…*(kurze Pause)*. Also ich fand es einfach toll, dass man jetzt
69 wieder anfing, seinen ganzen Körper wahrzunehmen wie beim Fußparcours,
70 dass man wieder an sich denkt und nicht nur an andere denkt, sondern nur für
71 sich da ist und für sein Wohlbefinden, für das man ja auch selber zuständig ist.
72 *(nachdenklich) – Pause.*
73 **Interviewerin**: Wir waren draußen in der Natur, wie hast Du das erlebt?
74 **A(w)**: Das war klasse. Ich bin ein unheimlicher Geruchsmensch, das heißt ich
75 empfinde unheimlich viel durch Gerüche, und der Wald hat jedes Mal anders ge-
76 rochen. Wenn es nass war, hat es eher moosig und wenn es trocken war, eher
77 staubig gerochen. Es waren ja auch immer andere Pflanzen, die gewachsen wa-
78 ren, ich fand es einfach für das Wohlbefinden klasse. Das war wie so eine Kurz-
79 Kur.
80 **Interviewerin**: Lauftherapie geschieht meistens nicht allein, sondern in der
81 Gruppe. Wie würdest Du das Erleben in der Gruppe für dich beschreiben?
82 **A(w)**: Man hat halt schon gemerkt, dass man versucht hat, seinen eigenen Trott
83 zu laufen, dann hat einem die Gruppe gebremst oder man hat versucht mitzulau-
84 fen. Man musste seinen eigenen Weg gehen, aber man war halt nicht alleine,
85 und das war das Schöne. Jeder hatte ja die gleiche Stecke und es gemeinsam in
86 der Gruppe zu erleben, diese Strecke zu schaffen, war einfach klasse.
87 **Interviewerin**: Kannst Du auch sagen, dass Du in der Gruppe auch gute Gesprä-
88 che geführt hast?
89 **A(w)**: Ja.
90 **Interviewerin**: Waren auch vertiefende Gespräche dabei?

A(w): Ja, auf alle Fälle. Man hat auch Probleme ansprechen können, es waren immer Ansprechpartner oder Zuhörer da, die einem auch mal Tipps geben konnten, wenn man irgendwelche Probleme hatte.

Interviewerin: Was würdest Du jemanden sagen, der selbst überlegt, ob er an einer Lauftherapie teilnehmen soll oder nicht. Stellen wir uns einmal vor, es wäre jemand hier aus der Gemeinde, was würdest Du ihm mit auf den Weg geben?

A(w): Also, ich habe es ja schon jedem empfohlen, wenn es wieder neue Kurse gibt, dass man unbedingt dran teilnehmen soll. Ja, weil es einem unheimlich viel für einen selbst gibt. Wenn man wirklich etwas machen will, nur für sich, ist es einfach das Sinnvollste, was man machen kann.

Interviewerin: Danke für deine Offenheit.

Transkription des Interviews mit Carmen – B (w) – 24.7.2014

1 **Interviewerin:** Zunächst frage ich dich erst einmalmal, wie Du heißt und wie alt Du
2 bist.
3 **B(w):** Carmen ▮ und ich bin ▮.
4 **Interviewerin:** Carmen, vor einem halben Jahr, konntest du dir da vorstellen eine
5 halbe Stunde am Stück zu laufen? Oder was hättest Du da dazu gesagt, wenn je-
6 mand das gemeint hätte?
7 **B(w):** Wenn mir das jemand gesagt hätte, du läufst in 12 Wochen 30 Minuten am
8 Stück, da hätte ich gesagt: im Leben nicht.
9 **Interviewerin:** Und wie war es dann jetzt für Dich, als Du gemerkt hattest, dass es
10 wirklich möglich wurde?
11 **B(w):** Ich fand das toll, ich war begeistert von mir selbst, dass ich es wirklich ge-
12 schafft habe.
13 **Interviewerin:** Und jetzt hast du regelmäßig 12 Wochen teilgenommen, hast du für
14 dich selbst irgendwelche Veränderungen gemerkt? Wie ging es Dir in der Zeit?
15 **B(w):** Wirklich gut, ich habe mich schon immer wieder auf das Laufen gefreut, es war
16 ein Abschalten, alles um mich herum vergessen, nur sich selbst zu spüren, das war
17 schon toll.
18 **Interviewerin:** Nun warst du nicht alleine beim Kurs, sondern du hast deine Tochter
19 Jessica mitgebracht. Wie erging es dir damit?
20 **B(w):** Ja, Jessica und ich, das ist eine Einheit, wir sind uns ziemlich ähnlich, und das
21 war einfach nur schön mit Jessica, einfach intensiv etwas zusammen zu machen. Im
22 Alltag fehlt ja oft die Zeit, oder man macht alles so hektisch, jetzt gleich lieber erst
23 später. Es war einfach nur schön, dass wir mal Zeit zusammen hatten.
24 **Interviewerin:** Wie alt ist Jessica?
25 **B(w):** Jessica ist ▮ Jahre alt. Ja, also auch nicht so ein ganz leichtes Alter.
26 **Interviewerin:** Wie hast du sie davon überzeugt, dass sie auch bei einer solchen
27 Lauftherapie mitmacht?
28 **B(w):** Da gab es gar nichts zu überzeugen. Jessica achtet auf ihre Ernährung, bloß
29 kein Gramm zunehmen; von mir wusste sie, dass ich gerne abnehmen wollte. Und
30 so hat sie mich eigentlich unterstützt, da mitzumachen: Komm das schaffen wir
31 schon, wir laufen da jetzt mit und achten auf unsere Ernährung und dann klappt es
32 schon!

Interviewerin: So hat sie dich sogar motiviert! *(kurze Pause)*

B(w): Mmh.

Interviewerin: Hat sich denn für dich gesundheitlich auch etwas verändert?

B(w): Ja, für mich war es das Ziel so ganz am Anfang, dass ich von meinen Tabletten wegkomme, die ich wegen meinem hohen Blutdruck nehmen musste. Das habe ich geschafft. Ich kann die eine Sorte Tabletten weglassen und auch meinen Cholesterinsenker ist jetzt weg.

Interviewerin: Das ist aber klasse. *(Beide lachen)* … Noch irgendetwas Gesundheitliches, wo Du sagen kannst, das hat sich auch noch positiv verändert?

B(w): Ich schlaf besser. Nach dem Laufen sowieso, da falle ich ins Bett und schlafe wie ein Stein. Abgenommen habe ich jetzt auch ein bisschen, wie viel das kann ich jetzt nicht sagen, weil unsere Waage kaputt ist. Aber man merkt es ja an der Kleidung.

Interviewerin: Hat sich auch etwas im seelischen Bereich an Veränderungen eingestellt? Zum Beispiel beim Thema „Stress" oder „Alltagsbewältigung".

B(w): Im Alltag noch nicht so, weil ich teilweise einfach zu viel um die Ohren habe. Da lässt sich das im Alltag noch nicht so ganz meistern, da bleibe ich aber dran und versuche das. Aber beim Laufen habe ich abgeschaltet, und alles um mich herum vergessen.

Interviewerin: Wie ging es Dir mit der Gruppe?

B(w): Super! Also die Gruppe fand ich wirklich super, die Rücksichtnahme wurde so groß geschrieben, das habe ich so noch nicht erlebt. Kein Geläster über irgendjemand, der vielleicht langsamer war, da wurde einfach nur aufeinander gewartet oder man wurde mitgezogen, das hat mich begeistert.

Interviewerin: „Meditative" Lauftherapie hieß der Kurs. Kannst du irgendwas benennen, was sich in deiner Beziehung zu Gott oder in deiner Vorstellung von Gott, verändert hat?

B(w): Ich habe mir halt immer so gedacht, wenn man so durch die Natur läuft, da gab es Jemand, der hat das ganze erschaffen und es ist schön, so wie es ist. *(Nachdenklich)*

Interviewerin: Die Natur hast Du angesprochen! Wie hast Du es empfunden, in der Natur zu laufen?

B(w): Super schön, wenn ich an das Laufen im Fitnesscenter denke, das könnte ich mir für mich jetzt gar nicht vorstellen. – Pause-

67 **Interviewerin:** Hast du im Umgang mit Dir selbst Veränderungen wahrgenommen?
68 **B(w):** Noch nicht so wirklich, vielleicht ein bisschen bewusster oder ein bisschen ge-
69 lassener.
70 **Interviewerin:** Gab es für Dich eine Sache, wo Du sagen würdest, das war ein ganz
71 besonderes Erlebnis?
72 **B(w):** Ich fand den Barfuß-Parcours super schön. Das war so ein angenehmes Ge-
73 fühl, man hat sich richtig getragen gefühlt, also ich kann das nicht so richtig beschrei-
74 ben, aber ich fand es richtig gut.
75 **Interviewerin:** Also, die Fußsensibilisierung, und wie war das Laufen danach.
76 **B(w):** Ja, das war richtig gut. *(unterstreicht Aussage mit Handbewegung)*. Das
77 müsste man eigentlich öfter machen. – Pause -
78 **Interviewerin:** Was würdest du sagen, wie Jessica das Ganze mit so vielen Erwach-
79 senen erlebt hat?
80 **B(w):** Das hat Ihr eigentlich gar nichts ausgemacht, es hat ihr eigentlich auch nicht
81 gefehlt, dass da nicht ganz so viele Jugendliche waren, sie ist eigentlich auch immer
82 mit vielen Erwachsenen zusammen.
83 **Interviewerin:** Also würdest Du sagen, das hat schon gepasst.
84 **B(w):** Ja.
85 **Interviewerin:** Würdest Du jetzt noch irgendetwas Zusammenfassendes sagen wol-
86 len, vielleicht auch im Hinblick auf Werbung für andere, was würdest Du anderen
87 Menschen erzählen?
88 **B(w):** Denen würde ich sagen, dass sie es wirklich mal mitmachen sollen, weil es
89 einfach nur schön ist. Die Natur zu erleben, sich selbst zu spüren.
90 **Interviewerin:** Danke für deine Offenheit.

Transkription des Interviews mit Jessica - C(w) – 24.7.2014

1 **Interviewerin:** Jetzt frage ich dich erst einmal, wie Du heißt und wie alt Du bist.
2 **C(w):** Ich heiße Jessica und bin ▇ Jahre alt.
3 **Interviewerin:** Jessica, wenn Dir jemand vor einem halben Jahr gesagt hätte, dass
4 Du eine halbe Stunde am Stück laufen kannst, was hättest Du geantwortet oder wie
5 hättest Du darüber gedacht.
6 **C(w):** Also, ich hätte „nein" gesagt, und ich hätte ihm den Vogel gezeigt, wenn er ge-
7 sagt hätte, dass ich es schaffe.
8 **Interviewerin:** Ja, und jetzt hast Du es geschafft, wie geht es Dir denn damit?
9 **C(w):** Ja, gut und ich bin ein bisschen stolz, dass ich es geschafft habe.
10 **Interviewerin:** Und wie hast Du es empfunden, 12 Wochen lang die Laufeinheiten
11 pro Woche immer etwas zu steigern. Kannst Du das für Dich nochmal in Worte fas-
12 sen?
13 **C(w):** Ja, zu Anfang war es ja leicht, aber dann wurde die Zeit ja immer länger und
14 dann dachte man sich, wo es hieß 16 Minuten, das schaffe ich vielleicht nicht, und
15 als ich es dann doch geschafft habe, erfüllt einem das schon mit Freude.
16 **Interviewerin:** Ja, dann würdest Du sagen, du warst stolz auf Dich und voller
17 Freude.
18 **C(w):** Ja.
19 **Interviewerin:** Du bist in der Lauftherapie in der Gruppe gelaufen. Würdest Du sa-
20 gen, die Gruppe war förderlich oder weniger förderlich?
21 **C(w):** Doch die war schon förderlich, weil man durch das Reden in der Gruppe die
22 Zeit vergessen hat. Die 16 Minuten waren ganz schnell vorbei, man hat sich unter-
23 halten, und dabei die Zeit einfach vergessen. Dann hat man sich gefreut, als es vor-
24 bei war, und es nicht mal mit bekommen.
25 **Interviewerin:** Es hieß „meditative" Lauftherapie. Hat Dir von den meditativen Ele-
26 menten irgendetwas ganz besonders gefallen?
27 **C(w):** Ja, das mit den Problemen in den Sack stecken. Man konnte sich mit seinem
28 Laufpartner über seine Probleme unterhalten, der hat einem dann Tipps gegeben,
29 wie man das Problem lösen kann, das fand ich sehr schön.
30 **Interviewerin:** Also, das hat dir auch gut getan und geholfen.
31 **C(w):** Ja, sehr.

32	**Interviewerin:** Würdest du sagen, dass Dir die Lauftherapie bei Problemen oder
33	seelischen Sachen geholfen hat?
34	**C(w):** Bei manchen schon, aber bei einigen Dingen da kann man das Problem nicht
35	so lösen. Aber zum Beispiel Trauer hat man durch das Laufen auch schon ein biss-
36	chen verarbeitet.
37	**Interviewerin:** Trauer, weil Du einen Mensch verloren hast?
38	**C(w):** Ja, dass ich einen Mensch verloren habe. Und die Sache mit dem Buchstaben
39	auf dem Bändchen, da konnte ich dann auch nochmal über einige Personen nach-
40	denken.
41	**Interviewerin:** Schön wie du das sagst. Jetzt haben wir Gott schon ein bisschen
42	reingebracht durch das Gebetsbändchen. Würdest Du sagen, dass du durch die
43	Lauftherapie auch Gott nochmal anders kennen gelernt hast oder bewusster. Ist da
44	für Dich was passiert?
45	**C(w):** Ja schon durch die Lauftherapie, auch weil ich gemerkt habe, dass nicht nur
46	meine Familie für mich da ist, sondern auch Gott in manchen Sachen für mich da ist,
47	nicht in allen, manchmal da denke ich da könnte er besser für mich da sein. Aber in
48	so leichteren Problemen, die ich für mich selbst auch lösen kann, schon.
49	**Interviewerin:** War das vorher auch schon so oder ist es durch die Anregungen bei
50	der Lauftherapie gekommen.
51	**C(w):** Ja, schon durch die Lauftherapie, weil vorher habe ich da nicht so dran ge-
52	dacht.
53	**Interviewerin:** Wenn jetzt jemand auf dich zukommen würde und sagen würde, ich
54	habe das was von einer Lauftherapie gehört, würdest du ihm raten, dass er da auch
55	dran teilnehmen soll oder was würdest du ihm sagen?
56	**C(w):** Ja, ich würde ihm schon dazu raten, weil es auch befreit.
57	**Interviewerin:** Würdest Du weiterlaufen?
58	**C(w):** Ja, da komme ich auch viel mehr raus. Weil ich auch hauptsächlich drinnen
59	bin, und wenn man so läuft, zweimal die Woche und das dann vielleicht noch ein
60	bisschen steigert, dann ist man ja auch öfter draußen, als wenn man nur zur Schule
61	hin und zurück geht.
62	**Interviewerin:** Stimmt, das habe ich dich ja noch nicht gefragt, wie du das mit der
63	Natur erlebt hast, weil du gerade gesagt hast, Du sitzt mehr drinnen. Wie ging es Dir
64	so im Wald zu laufen.
65	**C(w):** Das war schon gut, weil man da mehr an die Luft kommt.

66 **Interviewerin:** Ich danke Dir ganz herzlich und wünsche Dir für das Laufen viel Er-
67 folg weiterhin.
68 **C(w):** Danke.

Kategorien-Zuordnung der Interviews

Kategorie 1 „Verändertes Selbstbild"		
A (w): Z 12/13: Dass ich es schaffe, habe ich gemerkt in der Woche, als wir zweimal 18 Minuten gelaufen sind. Z 21-24: Und immer wieder diese Gedanken, schaffe ich das? Und jedes Mal die Erleichterung, du hast es geschafft und es geht weiter. Ich fand den ganzen Ablauf ganz toll, und die 12 Wochen sind viel zu schnell umgegangen.	**B (w):** Z11/12: Ich fand das toll, ich war begeistert von mir selbst, dass ich es wirklich geschafft habe.	**C (w):** Z9: … und ich bin ein bisschen stolz, dass ich es geschafft habe. Z13-15:): Ja, zu Anfang war es ja leicht, aber dann wurde die Zeit ja immer länger und dann dachte man sich, wo es hieß 16 Minuten, das schaffe ich vielleicht nicht, und als ich es dann doch geschafft habe, erfüllt einem das schon mit Freude

Kategorie 2 „Veränderter Umgang mit sich selbst"		
A (w): Z68-71: Also ich fand es einfach toll, dass man jetzt wieder anfing, seinen ganzen Körper wahrzunehmen wie beim Fußparcours, dass man wieder an sich denkt und nicht nur an andere denkt, sondern nur für sich da ist und für sein Wohlbefinden, für das man ja auch selber zuständig ist. *(nachdenklich)*	**B (w):** Z68/69: … vielleicht ein bisschen bewusster oder ein bisschen gelassener.	

Kategorie 3 „Veränderungen im Alltag, Lebensstil"		
A (w): Z 26/27: Also eigentlich habe ich nur so an die Gesundheit gedacht. Vielleicht schaffe ich es abzunehmen…mhm, die Ausdauer halt, dass man einfach mehr Ausdauer hat.	**B (w):** Z 15-17: Wirklich gut, ich habe mich schon immer wieder auf das Laufen gefreut, es war ein Abschalten, alles um mich herum vergessen, nur sich selbst	**C (w):** Z56: …weil es (Laufen) befreit.

Z 30-32: Also, ich bin auf alle Fälle von der Ausdauer her schneller, halte jetzt länger durch, wenn ich zum Beispiel Zeitung austrage. Und halt auch vom Gewicht her, was ich da verloren habe. Z34: … ich bin jetzt am siebten Kilo. (lacht) Z96-99: Also, ich habe es ja schon jedem empfohlen, wenn es wieder neue Kurse gibt, dass man unbedingt dran teilnehmen soll. Ja, weil es einem unheimlich viel für einen selbst gibt. Wenn man wirklich etwas machen will, nur für sich, ist es einfach das Sinnvollste, was man machen kann.	zu spüren, das war schon toll. Z36-39: Ja, für mich war es das Ziel so ganz am Anfang, dass ich von meinen Tabletten wegkomme, die ich wegen meinem hohen Blutdruck nehmen musste. Das habe ich geschafft. Ich kann die eine Sorte Tabletten weglassen und auch meinen Cholesterinsenker ist jetzt weg. Z42/43: Ich schlaf besser. Nach dem Laufen sowieso, da falle ich ins Bett und schlafe wie ein Stein. Z43-45: Abgenommen habe ich jetzt auch ein bisschen, wie viel das kann ich jetzt nicht sagen, weil unsere Waage kaputt ist. Aber man merkt es ja an der Kleidung.	

Kategorie 4 „Gruppenerfahrungen"

A (w):	B (w):	C (w):
Z18-20: Ja, ich bin mit Spannung das erste Mal hingegangen und von Anfang an hat die Chemie in der Gruppe gestimmt. Wir sind super miteinander klar gekommen, und jeder hat auf den anderen Rücksicht genommen. Z83-85: Man musste seinen eigenen Weg gehen, aber man war halt nicht alleine, und das war das Schöne. Jeder hatte ja die	Z53-56: Also die Gruppe fand ich wirklich super, die Rücksichtnahme wurde so groß geschrieben, das habe ich so noch nicht erlebt. Kein Gelächter über irgendjemand, der vielleicht langsamer war, da wurde einfach nur aufeinander gewartet oder man wurde mitgezogen, das hat mich begeistert.	Z21-24: Doch die (ergänzt: Gruppe) war schon förderlich, weil man durch das Reden in der Gruppe die Zeit vergessen hat. Die 16 Minuten waren ganz schnell vorbei, man hat sich unterhalten, und dabei die Zeit einfach vergessen. Dann hat man sich gefreut, als es vorbei war, und es nicht mal mit bekommen.

gleiche Stecke und es gemeinsam in der Gruppe zu erleben, diese Strecke zu schaffen, war einfach klasse.
Z90-92: Man hat auch Probleme ansprechen können, es waren immer Ansprechpartner oder Zuhörer da, die einem auch mal Tipps geben konnten, wenn man irgendwelche Probleme hatte.

Kategorie 5 „Spirituelle Dimension" - Natur

A (w):	B (w):	C (w):
Z54-57: Man hat das schon immer so in sich getragen, aber jetzt durch die Lauftherapie war es wirklich so, dass man das Gefühl hatte, man wird beschützt, man ist nicht alleine unterwegs. Also es ist einer da, der hilft dir jetzt. Da ist so eine Kraft da, die Dir weiterhilft. Das war schon auf alle Fälle zu spüren. Z59-61: Das war vorher nicht so. Und auch die ganzen Gespräche miteinander, es war plötzlich alles so logisch. Je nachdem, was für Themen dran waren, hat man gedacht, ja genauso ist es nämlich. Z74-78: Das war klasse. Ich bin ein unheimlicher Geruchsmensch, das heißt ich empfinde unheimlich viel durch Gerüche, und der Wald hat jedes Mal anders gerochen.	Z60-61: Ich habe mir halt immer so gedacht, wenn man so durch die Natur läuft, da gab es Jemand, der hat das ganze erschaffen und es ist schön, so wie es ist. Z72-74: Ich fand den Barfuß-Parcours super schön. Das war so ein angenehmes Gefühl, man hat sich richtig getragen gefühlt, also ich kann das nicht so richtig beschreiben, aber ich fand es richtig gut. Z76/77: Ja, das war richtig gut. *(unterstreicht Aussage mit Handbewegung).* Das müsste man eigentlich öfter machen. Z65/66: Super schön (ergänzt: das Laufen in der Natur), wenn ich an das Laufen im Fitnesscenter denke, das könnte ich mir für mich jetzt gar nicht vorstellen.	Z27-29: (Ergänzt: Gut fand ich), das mit den Problemen in den Sack stecken. Man konnte sich mit seinem Laufpartner über seine Probleme unterhalten, der hat einem dann Tipps gegeben, wie man das Problem lösen kann, das fand ich sehr schön. Z35-40: Aber zum Beispiel Trauer hat man durch das Laufen auch schon ein bisschen verarbeitet. Interviewerin: Trauer, weil Du einen Mensch verloren hast? C(w): Ja, dass ich einen Mensch verloren habe. Und die Sache mit dem Buchstaben auf dem Bändchen, da konnte ich dann auch nochmal über einige Personen nachdenken. Z45-48: Ja schon durch die Lauftherapie, auch

Wenn es nass war, hat es eher moosig und wenn es trocken war, eher staubig gerochen. Es waren ja auch immer andere Pflanzen, die gewachsen waren, ich fand es einfach für das Wohlbefinden klasse. Das war wie so eine Kurz-Kur.		weil ich gemerkt habe, dass nicht nur meine Familie für mich da ist, sondern auch Gott in manchen Sachen für mich da ist, nicht in allen, manchmal da denke ich da könnte er besser für mich da sein. Aber in so leichteren Problemen, die ich für mich selbst auch lösen kann, schon. Z51-52: Ja, schon durch die Lauftherapie, weil vorher habe ich da nicht so dran gedacht.

Printed by Books on Demand GmbH, Norderstedt / Germany